文史知识文库

WENSHIZHISHI WENKU

向您展示五千年文化的各个方面。

放到整个人类文明的背景中审视，

把悠久而灿烂的中华文化

这套文库力求以历史的高度，

博大久远的中华民族传统。

造成了光华灿烂的中国，

相互辉映、激荡交融，

千古风流人物的搏斗，

对宇宙世界的期待。

无不表现了对社会国家的情怀，

明清之际的人生画卷，

韩柳欧苏的大块文章、

汉魏六朝的丰碑巨制、

春秋战国的诸子哲学、

我们的前人创造了无与伦比的灿烂文化。

科举史话

王道成 著

中华书局

文史知识文库

写在《文史知识文库》之前

　　这套书本来是以"文史知识丛书"的名义出版的,现在改成"文史知识文库"。"丛书"改成"文库",目的是使这套书容量大一些。把这套书编得更充实、更丰富,不仅容纳《文史知识》已经刊发过的较好的内容,还要容纳《文史知识》未能刊发的好内容。我们的计划是深入浅出地、重点而又系统地介绍中华民族古代文化的丰硕成果。

　　我们的时代日新月异。科学技术革命迅速而又深刻地改变着人类的社会生活。中国人民重振雄风,面向世界,面向未来。在祖国960万平方公里的土地上,正酝酿着新的崛起,新的振兴。

　　在这一巨大变革中,在计算机、人造卫星、宇宙飞船、超导体、遗传工程等纷至沓来的时候,我们仍然会深深感觉到无所不在的、中国传统文化的巨大力量。传统文化的历史积淀是如此的丰厚,以至于我们伴随着一项现代化工程的伟大胜利,几乎都要想起我们的前人,想起为我们编写了中华民族灿烂篇章的人们。我们的前人创造了无与伦比的灿烂文化。春秋战国的诸子哲学、汉魏六朝的丰

碑巨制、韩柳欧苏的大块文章、明清之际的人生画卷，无不表现了对社会国家的情怀，对宇宙世界的期待。这千古风流人物的搏斗，相互辉映，激荡交融，造成了光华灿烂的中国，博大久远的中华民族传统。这是我们的骄傲，也是我们民族凝聚、发展、强盛的力量。

面向世界，面向未来，总离不开我们站立的祖国大地。我们都是伟大祖国的儿女，对这块生我、养我的土地，对我们祖先繁衍发展的土地，怀有深切的挚爱之情。爱她，了解她，同时研究她；在了解她、研究她的过程中渗透着我们对现在和未来的信念。今天，我们站在新的历史高度，以重新崛起的决心，把祖国的传统文化放到整个世界文明的背景之中，我们一定会更准确地找出精华，区分糟粕，在看来杂乱无章、盲目被动的历史表象中，寻找出规律性的东西，为我们今天的创造活动服务，为我们走向世界、走向未来服务。

我们热诚地欢迎广大作者和我们一起编好这套文库，共同去完成时代所赋予的历史使命。

江南贡院内号舍全形

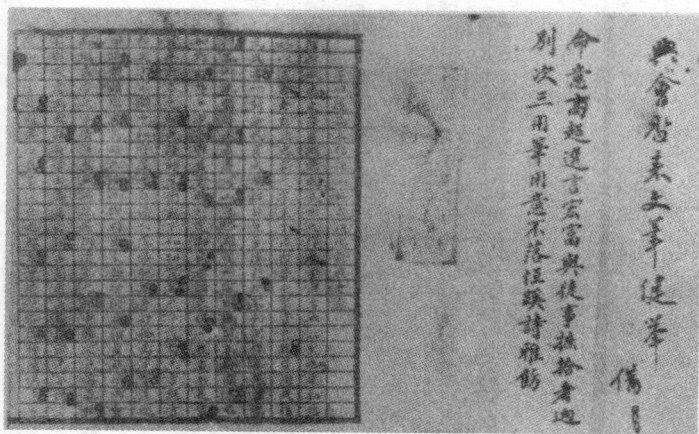

朱卷内容　　　　骑缝关防　　　　主考批　　房考批

乡试朱卷内容

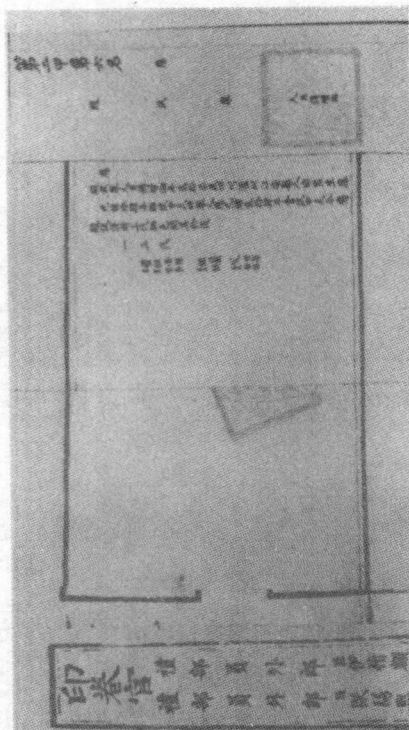

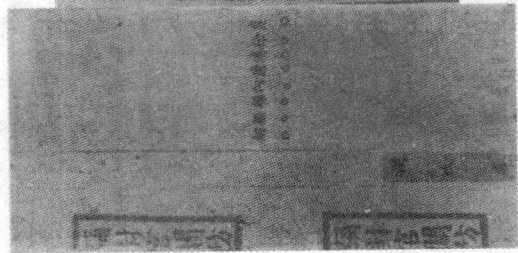

卷　面

履　历

卷　背

拟　标　读
名　识　卷
次　　　官

弥　封

殿试卷卷面、卷背、弥封、读卷官标识各式

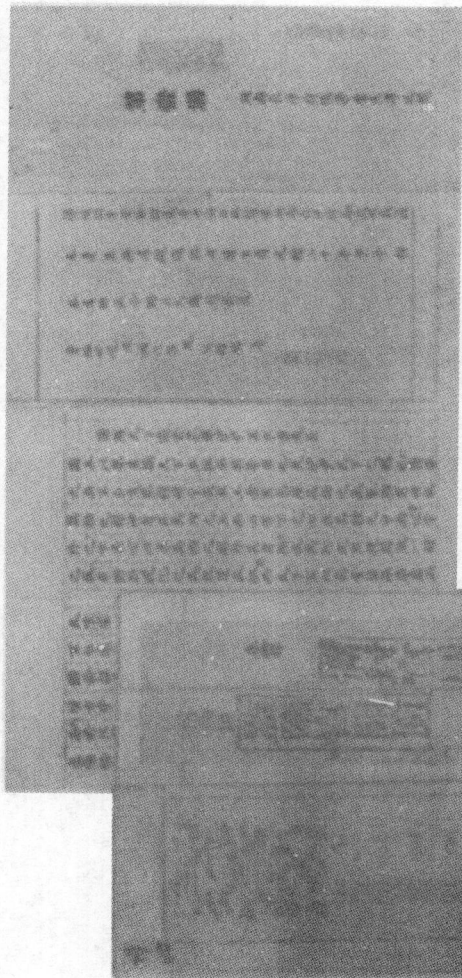

乡试墨卷全式

弥封前墨卷面　墨卷面内页履历　墨卷内容　弥封后墨卷面　墨卷背

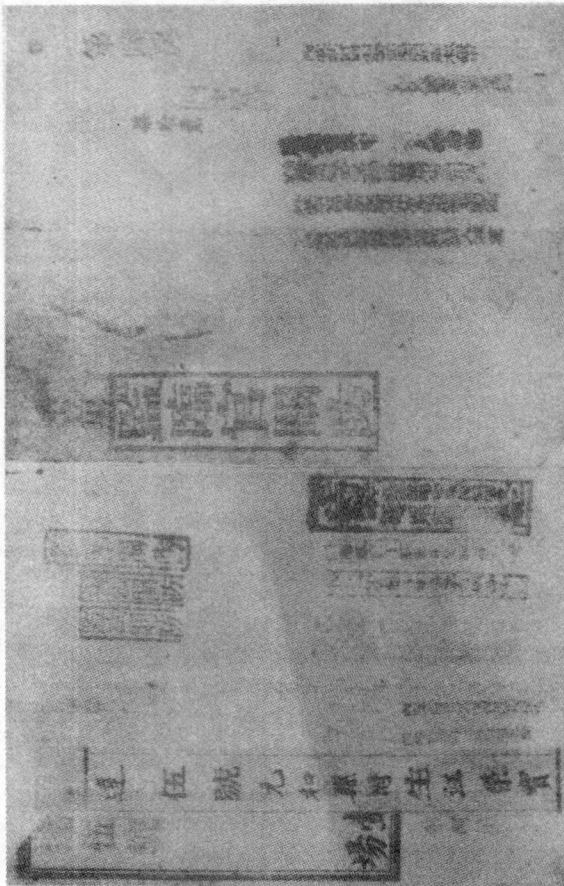

内收掌
弥封官掌
对读官掌
外收掌
同考官
（全衔）皆用
誊录官掌

湖南观记同
四所考官
同考与官

湖南未卷卷面
乡试未卷卷面

江卷故　上　江
苏三加　下　南
　字下　江　分
　　　　苏　江

江南未卷卷面

目　　录

一、科举制度的创立

实行科举前怎样选拔人才

在我国历史上，奴隶主阶级和封建地主阶级为了巩固自己的统治，曾经采用过各种不同的方式来选拔和任用符合他们政治需要的人才。大约在公元前 21 世纪到公元前 5 世纪的奴隶制时代，奴隶主贵族按血缘关系的远近分封自己的亲属。中央和地方的权力，分别掌握在大大小小的奴隶主贵族手中，而且世代相传，不能随意任免。战国时期，这种情况才逐渐发生变化。一些国家的君主和贵族，开始通过新的途径来选拔人才。有的将一批有才干的人供养起来，以便随时选用；有的则从立有战功的人中进行选拔。前一种做法，称为"养士"，后一种做法，称为"军功"。有的君主还任命别国的人才担任自己国家的要职，称为"客卿"。到了汉代，封建统治者实行"察举"和"征辟"。察举是由州、郡等地方长官在自己

管辖区内进行考察,选拔统治阶级需要的人才,以孝廉、茂才异等、贤良方正等名目推荐给中央政府,经过考核,任以官职。征辟则是由皇帝或地方长官直接进行征聘。察举和征辟,对于奴隶主贵族实行的"世卿世禄"制来讲,自然是一大进步。但是,能够得到州、郡等地方长官举荐和征辟的毕竟是少数。由于官僚们的徇私舞弊,东汉末年,竟然出现了"举秀才,不知书;察孝廉,父别居"的奇怪现象①。魏文帝曹丕采纳了吏部尚书陈群的建议,实行"九品中正"制。各州设大中正,郡设小中正。大、小中正,都由中央选派当地"贤有识鉴"的官员担任②。大、小中正将自己所辖区内的人物分为上上、上中、上下、中上、中中、中下、下上、下中、下下九等。中央政府根据中正评定的等第授与官职。这在当时,多少改变了东汉以来州郡名士操纵舆论,左右荐举和征辟的局面,能够选拔出一些比较有才能的人充实官僚机构。但是,随着豪门世族力量的发展,大、小中正都为世家大族所把持,从而出现了"上品无寒门、下品无势族"的积弊,使有才能的寒士发出了"贵胄蹑高位,英俊沉下僚"的慨叹。"九品中正"完全转化为巩固门阀势力的工具了。

开科取士的雏形

隋统一中国以后,曾一度实行"九品中正"制。因为隋文帝杨坚的父亲名忠,为了避讳,将中正改名州都。但是,这时的世家大族已日趋没落,而寒门地主的势力则日益上升,"九品中正"制已不

---

① 葛洪:《抱朴子》卷十五,《审举》。
② 杜佑:《通典》卷一四,《选举》二。

能适应新的形势。文帝时,代理吏部尚书卢恺、侍郎薛道衡坚持以门第高低作为选用人才的标准,结果是"潜愬纷纭",卢、薛二人都受到了"除名为百姓"的处分[①]。为了适应封建经济的发展,加强中央集权,扩大政权的阶级基础,在文帝开皇(581—600)年间,终于以分科举人取代了魏、晋以来九品官人的制度[②]。

开皇三年(583)正月,诏举贤良。开皇十八年(598)七月,"诏京官五品以上,总管、刺史,以志行修谨、清平干济二科举人"[③]。炀帝大业三年(607)四月,诏文武有职事者,以孝悌有闻、德行敦厚、节义可称、操履清洁、强毅正直、执宪不挠、学业优敏、文才秀美、才堪将略、膂力骁壮十科举人。大业五年(609)六月,诏诸郡"以学业该通,才艺优洽;膂力骁壮,超绝等伦;在官勤慎,堪理政事;立性正直,不避强御四科举人"[④]。这里的"二科举人"、"十科举人"、"四科举人",虽然只是偶一行之,并没有成为一种制度,但是,科举这一名称,却和分科举人有关。炀帝"置明经、进士二科"[⑤]。以"试策"取士[⑥],在中国的选举史上揭开了新的一页,科举制度从此开始了。

唐代的常科考试

唐王朝建立以后,继续实行科举取士,这一制度更加完善起来。

唐代考试的科目,分常科和制科。每年分科举行的称常科,由

---

① 杜佑:《通典》卷一四,《选举》二。《隋书》卷五十六,《卢恺传》。

② 杜佑:《通典》卷一四,《选举》二。

③④ 《册府元龟》卷六四五,《贡举部》。

⑤ 刘肃:《大唐新语》。

⑥ 《旧唐书》卷一一九,《杨绾传》:"近炀帝始置进士之科,当时犹试策而已。"

皇帝下诏临时举行的称制科。常科和制科,性质不同,因而在考生的来源、考试的内容和方法等方面都有很大的差别。

常科的考生,有两个来源:一是生徒,一是乡贡。在唐代,中央和地方都设有学校。中央有国子监、弘文馆、崇文馆,地方有州、县学。这些学校的学生,都有一定的名额。学生的入学年龄和学习年限,也有明确的规定。学习的内容,主要是《诗》、《书》、《易》、《周礼》、《仪礼》、《礼记》、《左传》、《公羊传》、《穀梁传》等儒家的经典。学书、学算、学律的,则主要学习有关文字、算术、法律方面的专业书籍。每年冬天,国子监、弘文馆、崇文馆以及各州县学都要将经考试合格的学生送尚书省参加考试,这些考生,就叫做生徒。那些不在学校学习而学业有成的人,则向州县"投牒自举",也就是以书面形式提出申请,经考试合格,由州送尚书省参加考试,这些考生随各州进贡物品解送,所以称为乡贡。

常科的科目,有秀才、明经、俊士、进士、明法、明字、明算、一史、三史、开元礼、道举、童子等。其中明字、明法、明算等科,不为人们重视。俊士、一史、三史、开元礼、道举、童子等科,并不经常举行。秀才一科,在唐初要求很高,太宗贞观(627—649)年间规定,凡被推荐应秀才科而未能中选的,其所在州的长官要受处分,所以应秀才科的人很少。高宗时,曾一度停止。后来虽然恢复,但是,主持考试的人,因此科久废,不愿录取。于是,明经、进士两科,就成了唐代常科的重要科目。

明经、进士两科,最初都只是试策,考试的内容是经义或者是时务。太宗贞观八年(634),进士科加试读经史一部。高宗调露二年(680),进士科加试帖经。永隆二年(681),明经加试帖经,进士加试杂文。玄宗天宝(742—756)年间规定:明经先试帖经,次试经义,最后试策。进士先试帖经，次试诗赋，最后试策。后来，两科的考试内容虽然还有所变化，而其基本精神则是：进士重诗赋，明经重帖经墨义。因为帖经墨义只要能熟读经传和它的注释就可以中式[1]，诗赋则需要具有文学才能。而录取的名额，明经又远比进士为多。进士科得第的只占应考人数的百分之一二，明经科得第的却占应考人数的十分之一二[2]。明经科得第的，每年有一二百人，进士科得第的，有时只有几人，有时十多人，有时二十多人，最多也不过三四十人。所以，当时流传着这样的说法："三十老明经，五十少进士。"[3] 唐众科之中，最贵进士科，"缙绅虽位极人臣，不由进士者终不为美"[4]。

常科考试，最初由吏部考功员外郎主持。开元二十四年（736），考功员外郎李昂当众指责考生李权的文章，李权不满，拱手上前说："礼尚往来，来而不往，非礼也。拙文的毛病，您已经给我指出来了；您的佳作，我可以谈一点意见吗？"李昂非常气愤，冷笑一声说："有何不可！"李权说："'耳临清渭洗，心向白云闲'。是您的诗句吗？"李昂说："是的。"李权说："从前唐尧年老力衰，厌倦天下，将让位于许由，许由不愿听这样的话，才跑到河边去洗耳。现在，天子正当年富力强，并没有把天下让给您，您说'耳临清渭洗'，究竟是什么意思呢？"这一问，弄得李昂狼狈不堪，无言以对。事情发生后，玄宗召集大臣们进行讨论。大家认为，考功员外郎品位低

---

① 帖经墨义：掩住所习经书的两端，中间只留一行，又用纸帖行中的三个字，使考生读出被帖的字，这种考试方法叫做帖经。经义包括经文和注疏，最初是口试，因口试不便事后考查，后改为笔试，故称墨义。

② 杜佑：《通典》卷一五，《选举》三。

③④ 王定保：《唐摭言》卷一，《散序进士》。

（从六品上），不能主持全国性的考试。于是决定，此后的常科考试由礼部侍郎（正四品下）主持①。

唐代取士，不仅看考试成绩，还要有知名人士的推荐。因此，考生纷纷奔走于名公巨卿之门，向他们"投献"自己的代表作，称为"投卷"。向礼部投献的称"公卷"，向达官贵人们投献的称"行卷"②。投献的作品，有诗，有文，也有最能表现史才、诗笔、议论的小说。《幽怪录》、《传奇》以及在宋代还广泛流传的唐诗数百种，都是当时考生们的投献之作③。

投卷，使一些确有才能的人得以显露头角。牛僧孺以《说乐》得到韩愈、皇甫湜的赏识，杜牧因《阿房宫赋》得到吴武陵的推荐，都是很突出的事例④。但是，弄虚作假，欺世盗名的也不乏其人。杨衡的一位表兄弟，窃取了杨衡的诗文，应举及第，杨衡知道后，赶到京城应举，也被录取。一次，他见到了这位亲戚，愤怒地问道："'一鹤声飞上天'这句诗还在吗？"此人回答说："我知道这是您最爱惜的一句诗，不敢辄偷。"⑤看来，除了杨衡的个别名句之外，其他作品，很少有不被他窃取的了。到了后来，投卷多而且滥，一些主考官不得不规定投卷的数量，投卷完全流于形式。

考试与推荐相结合，对于选拔人才，曾经起过积极作用，但是，也为那些达官贵人营私舞弊开了方便之门。他们利用职权，为自己或同僚的子弟请托，甚至对主考官进行威胁。天宝（742—756）年

---

① 王定保：《唐摭言》卷一，《进士归礼部》。
② 胡震亨：《唐音癸签》卷十八，《进士科故实》。
③ 赵彦卫：《云麓漫钞》卷八。
④ 王定保：《唐摭言》卷六，《公荐》。
⑤ 同上书卷二，《争解元》。

间，礼部侍郎达奚珣主持考试，不准备录取宰相杨国忠的儿子杨暄。杨国忠知道后，大发雷霆，说："生子不富贵耶？岂以一名，为鼠辈所卖！"达奚珣被迫录取了杨暄，而且使他名列前茅①。随着唐王朝政治上的腐败日甚一日，请托、舞弊之风更加严重。长庆元年（821）唐穆宗在诏书中也不得不承认："访闻近日浮薄之徒，扇为朋党，谓之关节，干扰主司。每岁册名，无不先定。"②到了懿宗咸通（860—874）末年，在一次科举考试中因为权贵的干扰太甚，竟然使录取工作很难进行。气得主持考试的礼部侍郎高湜将乌纱帽摘下来扔在地上，愤然表示："吾决以至公取之，得谴固吾分！"秉公录取了公乘亿、许棠、聂夷中等有真才实学的人③。由此可见，权贵势力对科举的干扰已经到了什么地步。

武则天载初元年（689）二月，"策问贡人于洛城殿，数日方了"④。这是殿试的开始。不过，唐代的殿试，是在特殊情况下举行的，并没有成为制度。

进士及第，是一种很高的荣誉，当时人称之为"登龙门"。发榜之后，有曲江会、杏园宴、雁塔题名等活动。进士们曲江大会，有时皇帝还登紫云楼垂帘观看。达官贵人们也往往在这一天挑选女婿。以致曲江一带车马填塞，热闹非常。

常科登科之后，不是立即授予官职，还要再经吏部的考试，这种考试，叫做"省试"或"释褐试"。考试合格，才能授以官职。我们读新、旧《唐书》，往往见到某人释褐为某官的记载，说的就是这个

---

① 引自吕思勉：《隋唐五代史》，中华书局 1959 年版第 1127 页。

② 《旧唐书》卷一六八，《钱徽传》。

③ 《新唐书》卷一七七，《高钋传》。

④ 杜佑：《通典》卷一五，《选举》三。

意思。否则要经地方长官如节度使、观察使等的推引，先作他们的幕僚，然后才由中央政府授予官职。这和后代的情况是不一样的。

制科和武举

唐代制科，名目繁多。王应麟《困学纪闻》说："唐制科之名，多至八十有六。"其中最著名的有贤良方正；直言极谏；博通坟典，达于教化；军谋宏远，堪任将率；详明政术，可以理人等。应制科考试的，可以是得第得官的人，可以是登过常科的人，也可以是庶民百姓。制科考试，由皇帝亲自主持。"试之日，或在殿廷，天子亲临观之。试已，糊其名，于中考之。文策高者，特授以美官，其次与出身"①。尽管如此，制科在人们心目中的地位还是不如进士科。张璟兄弟八人，七人进士出身，一人制科出身。集会时，进士科出身的不让制科出身的和他们坐在一起，并且叫他"杂色"。兄弟间尚且如此，外人可想而知，所以《封氏闻见记》说："制科出身，名望虽高，犹居进士之下。"这是不错的。

常科、制科之外还有武举。武举开始于武则天长安二年（702）。应武举的考生，和明经、进士的乡贡一样由各州举送。不过，武举是由兵部考试，考试的项目有马射、步射、平射、马枪、负重等。"高第者授以官，其次以类升"②。但是，对于武举，人们并不重视。《新唐书·选举志》说："其选用之法不足道。"其中关于武举的记载，不过九十余字而已。

科举取士，将选拔人才和任命官吏的权力都集中到中央，使大

---

① 马端临：《文献通考》卷二十九，《选举考》二。
② 杜佑：《通典》卷一五，《选举》三。

批庶族地主阶级的知识分子，通过科举进入官僚机构，"大者登台阁，小者任郡县"①。这就必然触犯豪门世族的利益。所以，豪门世族总是企图取消科举制。代宗宝应二年（763），礼部侍郎杨绾上书说："进士者皆诵当代之文而不通经史，明经者但记帖括。又投牒自举，非古先哲王仄席待贤之道。"请停明经、进士，按照古代察举孝廉的办法，选拔那些"孝友信义廉耻而通经者"。这一建议，得到了给事中李栖筠、李廙，尚书左丞贾至，京兆尹兼御史大夫严武等的支持。翰林学士等则认为"举进士久矣，废之恐失其业"。于是，诏令明经、进士与孝廉并行②。文宗时，豪门世族出身的宰相郑覃，以"进士浮薄"为理由，多次请求罢进士科。文宗回答说："敦厚浮薄，色色有之。进士科举人二百年矣，不可遽废。"③进士科得以保存下来。

　　总之，科举制取代九品中正制，是历史的必然。尽管科举取士在当时已经出现了这样那样的弊端，但是，与察举和九品中正制相比较，它又是更进步、更合理、更符合历史发展要求的制度。它不仅没有在豪门世族的诅咒声中消亡，反而一天一天地巩固起来了。

---

　　① 杜佑：《通典》卷一五，《选举》三。
　　②③ 《新唐书》卷三十四，《选举志》上。

二、科举制度的发展

公元 960 年,赵匡胤在开封城北陈桥驿发动兵变,推翻后周政权,建立了北宋王朝。为了结束唐末以来军阀混战的局面,使宋王朝不致成为短命王朝,他采纳了赵普的建议,削夺藩镇权力,将兵权、财权、行政权、司法权等全都收归中央。"一兵之籍,一财之源,一地之守,皆人主自为之"[①]。进一步发展了隋唐的中央集权制。鉴于唐末以来将悍兵骄,是政权不稳的重要因素,他不仅不任命武将担任州郡等地方长官,而且委派文官主持军务。重文轻武,成了宋王朝的基本国策。为了选拔大批人才,充实庞大的官僚机构,科举制度进一步发展起来。

变化多端的宋代科举

宋代科举,和唐代一样,有常科、制科和武举,但是,考试的科

---

① 叶适:《水心文集》卷四,《始论》二。

目、内容和方法则发生过多次变化,有关考试的规定也日益严密。

北宋初年,常科的科目有进士、九经、五经、开元礼、三史、三礼、三传、学究、明经、明法等,进士科之外,其他科目总称诸科。那时,各州县都没有学校,仅京城开封设有国子监。在这里学习的都是官僚子弟,人数不多,有些人只是挂名而已。所以,考生的来源,主要是由各州贡举。每年秋天,各州进行考试,将合格的考生解送礼部,称为"取解试"。第二年春天,礼部进行考试,称为"礼部试",又称"省试"。省试的内容基本上和唐代一样,进士重诗赋,诸科重帖经、墨义。而"抽卷问律"则是对明法以外各科的共同要求。

庆历四年(1044),宋仁宗根据范仲淹、宋祁等人的建议,令各州县设立学校,并规定在校学习满三百天的人,才能参加取解试。过去曾经解送的,在校学习的时间可以减为一百天。省试分试策、试论、试诗赋三场。以三场的全部成绩作为录取的根据。不考帖经、墨义,通晓经术的考生愿对大义的,可以试大义十道。由于这些改革触犯了贵族官僚的利益,遭到了强烈的反对。不久,诏罢入学年限。接着,又以"科举旧条,皆先朝所定也,宜一切如故"为理由,恢复了旧有的考试制度。范仲淹的科举改革,最终全部废除。

熙宁(1068—1077)年间,王安石参知政事,实行变法,对科举制度又进行重大的改革。罢诗赋、帖经、墨义。每个考生在《易》、《诗》、《书》、《周礼》、《礼记》中选治一经,兼治《论语》、《孟子》。选治的各经称大经,兼治的各经称兼经。每试四场:第一场试大经大义十道;第二场试兼经大义十道;第三场试论一首;第四场试策三道,礼部试即增二道。大义的格式,由中书省拟定颁行。考试大义,必须通晓经义,又有文采,才算合格,不像原来的墨义那样,只要粗解章句就行了。取诸科取解名额的十分之三增加进士的名额。又

立新科明法，考试律令、《刑统》、大义、断案，以便诸科中那些不能改习进士的人投考。这样，常科的科目，除进士科之外，就只有一个新增的明法科了。

为了实现通过学校培养和选拔人才的目的，王安石又着手整顿太学。将太学生分为三等：外舍、内舍和上舍，以考试的成绩和平时的学业品行作为升舍、应试和授官的根据。这种制度，称为"三舍法"。

1085年，神宗病死，哲宗继立，在高太后的支持下，司马光入朝执政。他一上台，就陆续废除各种新法。元祐四年（1089），将进士分为"经义、诗赋两科，罢试律义"。诗赋进士，必须在《易》、《诗》、《书》、《周礼》、《礼记》、《春秋左传》内选习一经。第一场试本经义二道，《论语》、《孟子》义各一道；第二场试诗赋及律诗各一首；第三场试论一首；第四场试子史时务策二道。经义进士，必须选习二经。《诗》、《礼记》、《周礼》、《左氏春秋》为大经，《书》、《易》、《公羊》、《穀梁》、《仪礼》为中经。《左氏春秋》得兼《公羊》、《穀梁》、《书》，《周礼》得兼《仪礼》或《易》，《礼记》、《诗》并兼《书》。可以选习两大经，不能选习两中经。第一场试本经义三道，《论语》义一道；第二场试本经义三道，《孟子》义一道；第三、四场和诗赋进士一样试论、试策。两科进士都是以四场的成绩定高下，经义进士以经义定取舍，诗赋进士以诗赋为去留，名次则参考策论的成绩评定①。哲宗亲政之后，对司马光的作法来了一个否定，绍圣元年（1094）又"进士罢诗赋，专习经义"了②。

徽宗崇宁三年（1104），将"三舍法"推广到全国，并诏天下："将

---

① 《宋史》卷一五五，《选举志》一。
② 马端临：《文献通考》卷三十一，《选举考》四。

来科场取士,悉由学校升贡,其州郡发解及试礼部法并罢。"①按照当时的规定,官僚子弟可以免试入学,而普通百姓则必须经过一次又一次的考试才能入学、升舍、授官,人们批评这种取士方法是"利贵不利贱,利少不利老,利富不利贫"②。因为反对的人很多,宣和三年(1121),不得不宣布"罢天下三舍法,开封府及诸路并以科举取士;惟太学仍存三舍,以甄序课试,遇科举仍自发解"③。

高宗南渡之后,继续用科举取士。建炎二年(1128),设诗赋进士和经义进士两科。绍兴十三年(1143),根据国子司业高闶"取士当先经术"的建议,将诗赋、经义并为一科,实行之后,考生颇感不便。绍兴三十一年(1161),又分诗赋、经义为两科,直至宋末。

三级考试制度的确立

宋初科举,仅有两级考试,一级是各州举行的取解试,一级是礼部举行的省试。取解试主要由各州的判官和录事参军主持,省试则由皇帝选派的官员主持。开宝六年(973),翰林学士李昉知贡举,录取进士、诸科及第者三十八人。召对时,进士武济川、三传刘睿"材质最陋,对问失次",太祖将他们黜落了。因为武济川是李昉的同乡,引起了太祖的怀疑。这时,下第进士徐士廉击登闻鼓,控告李昉"用情取舍",并建议举行殿试,由皇帝亲自主持。太祖立即下诏,令已被录取的和从考试终场而未被录取的考生中选出的一百九十五人,在讲武殿复试,由皇帝本人亲自主持。考试题目是:《未明求衣赋》、《悬爵待士诗》。复试的结果,得进士二十六人,《五

① ② 马端临:《文献通考》卷三十一,《选举考》四。
③ 《宋史》卷一五五,《选举志》一。

经》四人,《开元礼》七人,《三礼》三十八人,《三传》二十六人,《三史》三人,学究十八人,明法五人,皆赐及第。原来李昉录取的人中,却有十人落选。为此,李昉受到了降职为太常卿的处分①。从此,殿试成为科举制度的最高一级的考试,所有及第的人都成了"天子门生"。一次,太祖对他的近臣们说:"昔者,科名多为势家所取,朕亲临试,尽革其弊矣。"②

开宝六年(973)省试和殿试同出一榜,开宝八年(975)又分为两榜。这一年省试,第一名是王式,殿试时王嗣宗成了第一名,而王式则成了第四名。不仅如此,许多省试合格的考生,殿试时却名落孙山。因为,"殿试皆有黜落",致使有的人"累经省试取中,屡摈弃于殿试"③。有一个名叫张元的,多次参加殿试都失败,因此投奔西夏,为元昊出谋划策,侵扰边境,使宋王朝不得安宁。大臣们归咎于殿试黜落,于是在嘉祐二年(1057),宋仁宗下诏:"进士殿试,皆不黜落。"④从此,省试合格之后,殿试时就只有名次之差而没有被黜落的了。

宋代科举,最先是一年举行一次。太平兴国三年(978)冬,各州考生都已经集中礼部,因为太宗要亲征北汉,第二年春天的省试只好停止。此后,每隔一年或二年举行一次。英宗治平三年(1066),才定为三年一次。至于录取名额,太祖时,进士最多的一次是三十一人,诸科最多是九十六人。到了太宗的时候,录取名额大增。太平兴国二年(977),御殿复试,得进士一百零九人,诸科二百人,并赐

---

① 《宋史》卷一五五,《选举志》一。马端临:《文献通考》卷三十,《选举考》三。李攸:《宋朝事实》卷十四。

② 《宋史》卷一五五,《选举志》一。

③④ 王栐:《燕翼诒谋录》卷五。

及第。又阅考生名册,得参加过十次至十五次省试的进士、诸科一百八十余人,并赐出身。《九经》七人,虽然考试不合格,但是因为他们年老,特赐同《三传》出身。这一年录取的就有五百余人之多①。真宗咸平三年(1000),录取进士四百零九人,诸科一千一百二十九人,总人数多达一千六百三十八人②。比太平兴国二年录取人数多两倍以上。由于宋代科举,一经录取,立即授官。录取人数太多,必然出现"官吏猥众"的局面。所以,仁宗时规定:"礼部奏名,以四百名为限。"③不过,每次四百人,为数也相当可观。

宋代统治者对进士科非常重视。考试进士的时候,照例在阶前设置香案,主考官和考生相互对拜,考场里设置帐幕毡席,并有茶水供应④。太平兴国八年(983),将进士分为三甲,赐宴琼林苑⑤。雍熙二年(985),开始殿廷唱名。景德四年(1007),又将进士分为五等:一、二等称及第,三等称出身,四、五等称同出身⑥。大中祥符八年(1015),蔡齐状元及第,真宗见他"堂堂英伟,进退有法",非常高兴,特诏给金吾卫士七人清道。不久下诏:"自今第一人及第,金吾给七人当直,许出两对引喝。"⑦因为状元及第后十多年就有可能成为朝廷的执政大臣,所以状元及第是一种很大的荣誉。"每殿廷传胪第一,则公卿以下无不耸观,虽至尊亦注视焉。自崇政殿出东华门,传呼甚宠。观者拥塞通衢,人肩摩不可过,至有登屋下瞰

---

① 《宋史》卷一五五,《选举志》一。
② 马端临:《文献通考》卷三十二,《选举考》五。
③ 《宋史》卷一五五,《选举志》一。
④ 沈括:《梦溪笔谈》卷一。
⑤⑥ 《宋史》卷一五五,《选举志》一。
⑦ 江少虞:《宋朝事实类苑》卷二十五。

者。"尹洙说："状元登第,虽将兵数十万,恢复幽蓟,凯歌劳还,献捷太庙,其荣亦不可及矣!"[1]

锁院、糊名和誊录

北宋初年,沿袭唐代的风气,考生投卷也很盛行。主考官将去贡院的时候,达官贵人可以向他推荐人才,称为"公荐"。考生被录取后,要向主考官谢恩,称主考官为"师门"、"恩门",而自称"门生"。为了防止权贵干扰,考官徇私,师生结党,赵匡胤和他的继承人采取了许多有力的措施。建隆三年(962)九月规定:"今后及第举人,不得辄拜知举官子孙弟侄","兼不得呼春官(这里指知贡举官)为恩门、师门,亦不得自称门生。"[2]乾德元年(963)九月规定:"礼部贡举人,自今朝臣不得更发公荐,违者重置其罪。"[3]乾德三年(965),翰林学士承旨陶穀的儿子陶邴中了进士,太祖感到怀疑:"穀不能训子,安得登第?"于是下诏:"食禄之家,有登第者,礼部具姓名以闻,令复试之。"从这年开始,凡是官僚家庭的子弟被录取,都要另外派遣大臣在中书省进行复试,复试合格,才能赐第[4]。

淳化三年(992),苏易简知贡举,"既受诏,径赴贡院,以避请求"[5]。以后就建立了锁院制度。在考选期间,考官和外界隔离,和

---

① 田况:《儒林公议》。

② 《宋会要辑稿》,第一百八册,《选举》三之一。

③ 李焘:《续资治通鉴长编》卷四。

④ 《宋史》卷一五五,《选举志》一。

⑤ 马端临:《文献通考》卷三十,《选举考》三。

家里的人也不能见面，锁院的时间，有时长达五十天[1]。特别值得注意的是糊名和誊录制度的建立。

糊名，就是把考卷上的姓名、籍贯等密封起来，所以又称弥封或封弥。糊名最早出现在唐代，但是，那时只是实行于选人注官的吏部试。淳化三年(992)三月，太宗御崇政殿复试合格进士，根据将作监丞陈靖的建议，糊名考校[2]。景德四年(1007)十二月，礼部侍郎周起"患贡举不公"，奏请将糊名法用于省试，得到了真宗的采纳。大中祥符元年(1008)，真宗对宰相王旦等说："今岁举人，颇以糊名考校为惧，然有艺者皆喜于尽公。"[3]明道二年(1033)七月，仁宗"诏诸州，自今考试举人，并封弥卷首"[4]。从此，糊名考校就不仅施行于殿试、省试，也施行于诸州发解试了。但是，糊名之后，还可以"认识字画"。后来，根据袁州人李夷宾的建议，将考生的试卷另行誊录。考官评阅试卷时，不仅不知道考生的姓名，连考生的字迹也无从辨认了。

糊名、誊录制度的建立，对于防止主考官的"徇情取舍"，的确发生了很大的效力。

仁宗时，郑獬颇有名气，非常自负，国子监解送，将他名列第五，感到十分委屈。他在谢主司启中大发牢骚，说自己的事业像汉代的飞将军李广那样天下无双，自己的遭遇却像唐代的著名文学家杜牧。尽管有《阿房宫赋》一般的绝妙文章，但是也只能名列第五。他还把自己比作骐骥、巨鳌，把主司比作驽马、顽石。说什么

---

① 欧阳修：《归田录》卷二。

② 李焘：《续资治通鉴长编》卷三十三。

③ 《宋会要辑稿》第一百八册，《选举》三之九。

④ 李焘：《续资治通鉴长编》卷一一二。

"骐骥已老,甘驽马以先之;巨鳌不灵,因顽石之在上。"主司看后,恨之入骨。后来,郑獬参加殿试,这位主司又担任考官,他一心想使郑獬落选以报其不逊,并把一份卷子误认为郑獬所作而加以斥逐。后来拆封,郑獬却以第一人及第[①]。神宗时,苏轼对一个名叫李廌的人非常赏识。李廌应省试,苏轼恰好担任考官。他看到一份卷子,以为是李廌所作,非常高兴,手批数十字,并对参加评卷的黄庭坚说,"这一定是我的李廌了!"拆封后,这份卷子的作者却是章持,李廌的卷子竟然落选了[②]。太学生常安民参加省试,被录取为第一名,拆封后,主考官见他年少,想另换一人作第一名,判监常秩不同意,说:"糊名考校,怎么能任意更改名次呢?"[③]

以上事实说明,糊名、誊录制度建立之后,不仅使主考官很难徇私舞弊,主考官要在程文之外另立标准,也要遭到别人反对了。由于"一切以程文为去留"[④],曾经盛行一时的投卷之风也就随之结束。

但是,一切制度都是由人来执行的。当宋王朝在政治上还比较清明的时候,糊名、誊录确实在选拔人才上发挥了积极作用。到了北宋后期特别是南渡之后,由于宋王朝的腐朽,科场舞弊层出不穷,糊名、誊录也就流于形式了。

冷落的制科和武科

宋代的制科,远不如唐代之盛。太祖乾德二年(964),设贤良方

---

① 沈括:《梦溪笔谈》卷九。
② 陆游:《老学庵笔记》卷十。
③ 《宋史》卷三四六,《常安民传》。
④ 陆游:《老学庵笔记》卷五。

正、能直言极谏等三科，真宗景德二年（1005）增为六科，仁宗天圣七年（1029）又增为九科。但是，由于种种原因，制科曾多次停罢，有时虽然举行而应诏者甚少。在宋王朝统治的三百二十一年中，制科御试仅有二十二次，被录取的不过四十一人而已[①]。至于书判拔萃、词学兼茂、博学宏词、词学等科，完全是为了选拔草拟朝廷日用文字，诸如诏诰、章表、赦敕、檄书之类的人才，无论是考试内容还是考试方法，和制科都是不一样的。

宋代武科，始于仁宗。天圣八年（1030），亲试武举十二人，先试骑射，然后试策。"以策为去留，弓马为高下。"[②]可是，不久就停止了。后来，虽然也曾设立武学和恢复武举，以马射、步射、武艺、策略作为教学和考试的内容，但是并不被人重视。直至孝宗乾道五年（1169），武举殿试之后，才和文举一样赐给黄牒，同正奏名三十三人，第一名赐武举及第，其余并赐武举出身[③]。但是，此后的武举并没有选拔出什么人才，只是为一些人提供进身之阶，对于国家毫无意义。

元代科举的中落

元代政权是以蒙古贵族为主体。蒙古贵族有自己的一套选拔和用人制度，因而在设科取士的问题上，遇到重重阻力。后来虽然设立了，但是和唐、宋、明、清等朝代相比，不免相形见绌。

---

① 聂崇歧：《宋代制举考略》，《宋史丛考》，中华书局 1980 年 3 月版第 191—192 页。

② 《宋史》卷一五七，《选举志》三。

③ 马端临：《文献通考》卷三十四，《选举考》七。

元代科举,分为乡试、会试、御试三级,每三年举行一次。因为当时有蒙古、色目、汉人、南人之分,所以考试的程式也有所区别。蒙古、色目人试二场,汉人、南人试三场。在考试内容方面,对汉人、南人的要求也比蒙古、色目人严格得多。蒙古、色目人作一榜,称为"右榜",汉人、南人作一榜,称为"左榜"。虽然左、右两榜都是第一名赐进士及第,从六品,第二名以下及第二甲,皆正七品,第三甲以下皆正八品,但是蒙古、色目人愿试汉人、南人科目,中选者加一等授官①。民族之间的不平等,在科举方面也是表现得非常明显的。

从皇庆三年(1314)开始实行科举到元朝灭亡的六十年中,一共举行过七次进士考试。每次录取的名额,两榜总数最多一百人,最少五十人。总的说来,科举制度在元代是一个中落期。但是,从考试的内容看,朱熹的《四书集注》已占有重要地位,对后来的科举发生了深远的影响。

---

① 《元史》卷八十一,《选举志》一。

三、科举制度的极盛

明太祖朱元璋，是元末农民大起义中产生的地主阶级政治家，他很懂得人才对于夺取政权和巩固政权的意义。早在明王朝建立之前，他就十分重视争取地主阶级的知识分子。以朱升、宋濂、刘基为首的一批儒生在他的帐下效力，备受尊重。为了迎接即将取得的全国性的胜利，1367 年，朱元璋发布了"设文武二科取士"的命令，要求各级地方官"劝谕民间秀士及智勇之人，以时勉学。俟开举之岁，充贡京师"[①]，揭开了明代科举的序幕。

明初科举与荐举的更迭

洪武三年（1370），朱元璋诏告天下："自今年八月始，特设科举。务取经明行修、博通古今、名实相称者。朕将亲策于廷，第其高下而任之以官。使中外文臣皆由科举而进，非科举者，毋得与

① 《明史》卷七十，《选举志》二。

官。"①这年，京师和行省都分别举行乡试。初场试经义一道，《四书》义二道；二场，论一道；三场，策一道。发榜后十天，还对被录取者进行以骑马、射箭、书法、算术、律令为内容的考试。录取名额除直隶为一百人、广东、广西各二十五人外，其余各省均为四十人。在特殊情况下亦可不拘额数。还允许高丽、安南、占城等国的士子在本国乡试后，贡赴京师。第二年举行会试，朱元璋亲制策问，试于奉天殿，录取了吴伯宗等一百二十人。

这时，明王朝建立不久，官员缺额很多。洪武四年(1371)正月，令各行省连续三年举行乡试，所有举人都免予会试，赴京师听候选官。又从各行省的举人中选拔一些"年少俊异者"担任翰林院编修、秘书监直长等官职，让他们在宫中的文华殿肄业，由著名学者宋濂等负责进行教学。连考三年后，朱元璋发现所录取的人才，大多是"后生少年"，文章虽然写得头头是道，却缺乏实际工作的能力。于是，他在洪武六年(1373)二月决定暂停科举，"别令有司察举贤才。必以德行为本，而文艺次之"②。荐举的科目有聪明正直、贤良方正、孝弟力田、儒士、孝廉、秀才、人才、耆民等。由各地方长官举送京师，破格录用。从此，科举停止了十年。但是，荐举的情况并不比科举好。荐举多而且滥，经吏部举荐需要授官的，多时一次达三千七百余人，少时也有一千九百多人③，长此下去，将无官可授；更严重的是，被举荐的人也不比科举入仕的人更有行政才能，洪武十五年(1382)，都御史赵仁在谈到荐举的情况时就说："曩者以贤良方正、孝弟力田诸科所取士，列置郡县，多不举职，宜核其去

---

① 《明史》卷七十，《选举志》二。
② 《明太祖实录》洪武六年二月。
③ 《明史》卷七十一，《选举志》三。

留。"① 经过比较,朱元璋感到科举制度还是有它的优越性。便在洪武十五年(1382)八月下诏恢复科举。洪武十七年(1384),定科举成式,命礼部颁行各省。荐举、科举,两途并用。永乐(1403—1424)以后,科举日重,荐举日轻。"能文之士,率由场屋进以为荣"②。荐举一途,"久且废不用矣"③。

学校——科举的必由之路

明代以前,学校只是为科举输送考生的途径之一。到了明代,进学校却成了科举的必由之路。学校和科举更紧密地结合起来。

朱元璋认为:"治国以教化为先,教化以学校为本。"④为了推行封建的文化专制主义,他对学校非常重视。1365年,当他还是吴王的时候,就在应天建立国子学。1369年又令各府、州、县设立学校。

国子学是中央一级的学校,建于南京鸡鸣山下,不久改称国子监。国子监设祭酒一人(总领监务),司业二人(分掌六堂,主持教务)。下面分设监丞(管训导),典簿(管总务),典籍(管图书),典馔(管伙食),博士(负责分经授课),助教、学正、学录(分别负责管理六堂事务)。在国子监学习的学生通称监生。举人入监的称举监,生员入监的称贡监,官僚子弟入监的称荫(音 yīn)监,捐资入监的称例监。永乐元年(1403),明成祖朱棣在北京设立国子监,永乐十

① 龙文彬:《明会要》卷四十九,《选举》三。
② 《明史》卷七十一,《选举志》三。
③ 《明史》卷七十,《选举志》二。
④ 《明史》卷六十九,《选举志》一。

八年（1420）迁都北京，称原来的国子监为南京国子监。这就是明史上的南监和北监。

明代的国子监分为六堂，分别以率性、修道、诚心、正意、崇志、广业命名。学习内容除了儒家的经典《四书》、《五经》之外，还有刘向的《说苑》、律令、书法、数学、《御制大诰》等。每月试经、书义各一道，诏、诰、表、策、论、判中选二道，每天习二百余字。监生们的工课，由各班斋长负责监督。

国子监的学规非常严格。监生违反了监规，第一次，记在《集愆簿》上；第二次，决竹篦五下；第三次，决竹篦十下，绳愆厅上的两条红凳，就是让学生伏着挨打的[①]；第四次，就要发遣安置，也就是开除、充军、罚充吏役。更严重的还要戴枷、监禁、直至杀头。洪武二十七年（1394），监生赵麟写了一张"大字报"，对学校提出批评，被认为"诽谤师长"，朱元璋将赵麟杀了，并在国子监前立一长竿，枭首示众。一百二十六年后，明武宗朱厚照南巡，才下令将这根长竿撤去[②]。

明初急需大批人员充实官僚机构，因此以监生而出任中央和地方大员的多不胜计。明成祖以后，进士的地位日益提高，监生的出路每况愈下。监生如果不通过科举取得进士的头衔，就不可能有好的出路了。

府、州、县学是地方学校。府设教授一人，训导四人，州设学正一人，训导三人，县设教谕一人，训导二人。府、州、县学的学生名额，明初规定为：府学四十人，州学三十人，县学二十人。每人每月由国家发给食米六斗。后来又几次下令增加名额。"生员专治一

---

① 黄佐：《南雍志》卷一六，《器用》。

② 黄佐：《南雍志》卷四，《事纪》。

经、以礼、乐、射、御、书、数设科分教"①。生员入学,最初是由巡按御史、布政使、按察使和府、州、县官主持考试。正统元年(1436),才在各行省特置提学官。提学官的职责是"专督学校,不理刑名"②,各直省的地方长官不得侵犯提学的职权。提学官三年一任,任内举行两次考试,一次是岁考,一次是科考。岁考和科考,都按成绩的优劣分为六等。三等不赏不罚,三等以上受赏,三等以下受罚。尤其重要的是科考列一、二等者,就取得了参加乡试的资格,称科举生员,所以说,只有进入学校并取得科举生员的资格,才能在科举的道路上一步一步爬上去。

明代的乡试、会试和殿试

明代科举,分乡试、会试和殿试三级进行。

乡试,是由南、北直隶和各布政使司举行的地方考试,又称乡闱,每三年一次,于子、卯、午、酉年举行。乡试的地点,在南、北京府和各布政司驻地。主持乡试的有主考二人,同考四人,提调一人,此外还有负责受卷、弥封、誊录、对读、巡绰监门、搜检怀挟的官员。考试分三场:第一场,试《四书》义三道,经义四道。第二场,试论一道,判语五条,诏、诰、表内科一道。第三场,试经史策五道。三场考试,分别在八月九日、十二日和十五日进行。考生入场,要经过严格的搜查,不许挟带。入场后,每一名考生由一名号军监视,防止作弊。黄昏时交卷,如果没有作完,给蜡烛三枝,烛尽还没有完卷,就要被扶出考场了。考生交卷后,经过弥封、誊录、对读等程序,然后送主考、同考评阅。评阅的时间,名义上是十天,但是,真

①② 《明史》卷六十九,《选举志》一。

正用在评阅上的时间不过三四天而已。因为试卷很多,不能遍阅,试官往往"止阅前场,又止阅书义"①,如果第一场所写的三篇《四书》义得到试官的赏识,就可以中式,成为举人了。

乡试的录取名额,是由朝廷决定的。洪武十七年(1384),诏"不拘额数,从实充贡"②。洪熙元年(1425)规定了名额,各考区从十名到五十名不等。后来逐渐增加,明代后期,南北直隶增至一百三十余名,各布政使司的名额也大大增加了。

会试是由礼部主持的全国考试,又称礼闱,在乡试的第二年,也就是在丑、辰、未、戌年于京师举行。参加会试的必须是乡试中式的举人。会试也分三场,分别在二月初九、十二、十五日举行。考试的内容和程序,基本上和乡试一样。因为会试是比乡试更高一级的考试,明统治者对它更加重视。所以,同考官的人数比乡试增加了一倍。主考、同考以及提调、监试等官,都由级别较高的官员担任。举人入场时的搜检,在明初较宽。朱元璋曾说:"此已歌鹿鸣而来者,奈何以盗贼待之?"③所以,搜检之法时行时不行。到了嘉靖末年,举人挟带的情况日益严重。1565年,嘉靖"始命添设御史二员,专司搜检,其犯者,先荷校(戴枷)于礼部前一月,仍送法司定罪,遂为厉禁"④。对此,沈德符颇有感慨。他说:"四十年来,会试虽有严有宽,而解衣脱帽,一搜再搜,无复国初待士体矣。"⑤

会试的录取人数,明初没有定额。最少的一次,只有三十二人,最多达到过四百七十二人。名额的增减,"皆临期奏请定夺"⑥。成化

---

① 陆世仪:《甲申臆议》。

② 《明史》卷七十,《选举志》二。

③④⑤ 沈德符:《万历野获编》卷十六,《科场》。

⑥ 《明史》卷七十,《选举志》二。

十一年(1475)以后,一般取三百名,有因题请及恩诏而另增五十名或一百名的,属于特殊情况,并非"恒制"①。

明代初年,礼闱取士,不分南北。洪武三十年(1397),学士刘三吾、纪善、白信蹈任会试主考,录取了宋琮等五十二人,全部是南方人。发榜之后,北方考生不服,说考官是南方人,如此取士是偏袒同乡。朱元璋知道后,非常生气,派侍讲张信等十二人复查。又有人说张信是在刘三吾的指使下有意将水平不高的卷子送给皇帝审阅,朱元璋听了更加生气,将白信蹈、张信处死,刘三吾年老免死,充军边疆。朱元璋亲自阅卷,录取了任伯安等六十一人,全部是北方人。当时人称之为"南北榜"或"春秋榜"②。但是,事过之后,并没有对被录取者的籍贯作出什么规定。直到洪熙元年(1425),仁宗朱高炽才命杨士奇定南北录取名额,南人占十分之六,北人占十分之四。宣德(1426—1435)、正统(1436—1449)年间,又分为南、北、中卷,在一百个名额中,南卷取五十五名,北卷取三十五名,中卷取十名。景泰(1450—1456)初年,曾一度废除这个规定,但不久又恢复了。以后虽然比例有一些变化,但"分地而取"的原则却没有改变。

殿试,是明代科举的最高一级考试,因考场在奉天殿或文华殿而得名,凡是会试中式的人都可以参加。殿试是"天子亲策于廷",所以又称廷试。殿试的时间,按科举成式的规定是三月初一,从成化八年(1472)起,改为三月十五日③。

殿试的内容很简单,仅试时务策一道。试题一般由内阁预拟,并在考试前一天呈请皇帝圈定。殿试以一日为限,日落前必须交

① 《明史》卷七十,《选举志》二。

② 《明史》卷一百三十七,《刘三吾传》。

③ 余继登:《典故纪闻》卷十五。

卷。完卷后，受卷官以试卷送弥封官，弥封毕送掌卷官，掌卷官立即转送到东阁，由读卷官进行评阅。

殿试由皇帝亲自主持，皇帝就是主考官，所以评阅试卷的人只能称为读卷官。读卷官从进士出身的高级朝官中选拔。按照明初的规定："殿试毕，次日读卷，又次日放榜。"[①]在一天当中，人数不多的几个读卷官要评定几百份试卷，是相当紧张的。不过明代参加殿试的人是一概不被黜落的。读卷官的任务，主要是在试卷中挑出三份卷子，以便确定一甲三名的人选，其他分等定名次是无关紧要的。

明代殿试的名次分为一、二、三甲。一甲只三人，称状元、榜眼、探花，赐进士及第；二甲若干人，赐进士出身；三甲若干人，赐同进士出身。而当时士大夫又通称乡试第一名为解元，会试第一名为会元，加上殿试一甲第一名的状元，合称三元。连中三元，是科举场中的佳话。有明一代，连中三元的只有洪武(1368—1398)年间的许观(后复姓黄)和正统(1436—1449)年间的商辂二人而已[②]。

发榜后，皇帝赐诸进士宴于礼部，称"恩荣宴"。接着，这些进士们就分别被授予官职了。

殿试之后，还要选拔庶吉士。选拔庶吉士，在洪武年间即已开始。但是，那时选出的庶吉士还不专属翰林院管理，到了永乐二年(1404)，庶吉士就专属翰林院了，所以称选庶吉士为馆选。中选者由一名教习负责培养，教习由职位高资历深的翰林院或詹事府官员担任。三年学成，优秀的留翰林院任编修、检讨，其余出任给事、御史，叫做散馆。庶吉士出身的人升官很快。到明英宗以后，朝廷

---

① 余继登：《典故纪闻》卷十六。
② 《续文献通考》卷三十五，《选举考》二。

形成"非进士不入翰林,非翰林不入内阁"的局面,甚至"南、北礼部尚书、侍郎及吏部右侍郎,非翰林不任",所以"庶吉士始进之时,已群目为储相"①了。通计明代宰辅一百七十余人,由翰林出身的占十分之九。所以《明史·选举志》说,明代"科举视前代为盛,翰林之盛,则前代所绝无也"。

明代的武科

1367 年,朱元璋就有"设文武二科取士"的命令②,但是,在他的心目中,武科的地位却不如文科。明王朝建立不久,文科取士就开始了,武科取士却迟迟没有提到议事日程上。洪武二十年(1387),朱元璋才采纳礼部的建议,立武学,用武举。武臣子弟于各直省应试。天顺八年(1464),英宗令天下文武官员推荐通晓兵法、谋勇出众的人才,由各省抚、按、三司,直隶巡按御史进行考试,考试合格,再由兵部同总兵官在帅府试策略,教场试弓马。答策二道,骑射中四矢,步射中二矢以上为合格。成化十四年(1478),宪宗批准了太监汪直的请求,像文科一样设武科乡、会试。弘治六年(1493),定武举考试,六年一次,先试策略,后试弓马。试策不合格的不许试骑射。弘治十七年(1504),改为三年一试,张榜赐宴。正德十四年(1519),定武举试三场:第一场试马上箭,以三十步为准。第二场试步下箭,以八十步为准。第三场试策一道。嘉靖元年(1552),又规定各省应武举的人,巡按御史于十月考试,南北两京武学于兵部选取,次年四月会试。翰林二员为考试官,给事中、部曹四员为

①②　《明史》卷七十,《选举志》二。

同考官。乡、会试的场期,都在该月的初九、十二、十五三天。起送考验,监试张榜,大体上仿照文科的乡、会试。嘉靖十九年(1540),罢武举乡试。明年,又下令恢复,并仿照文科的南北卷例分为边方(边疆)、腹里(内地),每十个名额中,边方六名,腹里四名。万历三十八年(1610),定会试录取名额为一百人。万历末年,科臣请特设将材武科,第一场试马、步箭及枪、刀、剑、戟、拳搏、击刺等法,第二场试营阵、地雷、火药、战车等项,第三场试有关兵法、天文、地理等方面的知识。这一建议,得到了皇帝的批准,但是,并未实行。崇祯四年(1631),武科会试,举人中能使用重一百斤的大刀的只有王来聘和徐彦琦二人,徐彦琦却未被录取,发榜之后,舆论大哗。崇祯非常生气,将考官和监试御史拘捕,关进监牢,兵部郎二十二人全部撤职①,另派方逢年、倪元璐等再试,录取了翁英等一百二十人。方逢年、倪元璐"以时方需才,奏请殿试传胪,悉如文例"②。崇祯采纳了他们的意见,分别赐给王来聘等进士及第和进士出身。武科殿试,就是从这时开始的。崇祯十四年(1641),谕各部大臣,特开奇谋异勇科。但是,诏下之后,无人应试。三年之后,明王朝的统治就被波澜壮阔的农民起义推翻了。

---

① 龙文彬:《明会要》卷四十七,《选举》一。
② 《明史》卷七十,《选举志》二。

四、清代的童试

　　1644 年以前，满洲贵族并没有实行过科举考试的制度。努尔哈赤在世的时候，对明王朝的知识分子非常痛恨，认为"种种可恶，皆在此辈"[①]。俘虏中的知识分子，一经查出，"尽行处死"[②]。1627年，皇太极即位，为了发展和壮大自己的力量，对知识分子的作用开始有所重视。天聪三年(1629)八月，他在一篇上谕中写道："朕思自古及今，俱文武并用，以武威克敌，以文教治世。朕今欲兴文教，考取生员。诸贝勒府以下及满、汉、蒙古家所有生员，俱令赴考，家主不许阻挠。考中者，则以丁偿之。"[③]这年九月，举行考试。从"隐匿得脱"的大约三百名知识分子中选拔了二百人，免除他们的奴隶身份，"一等者赏缎二匹，二等、三等者赏布二匹。俱免二丁差徭，并候录用"[④]。这是满洲贵族用考试的方法选拔和录用人才的开始。天聪八年(1634)四月，皇太极又令礼部对通晓满洲、蒙古、汉书

---

　　①②③④　王先谦：《东华录》天聪三年。

文义的知识分子进行考试,取中举人十六名。每人赐给衣服一套,免除四丁徭役,并宴于礼部以示嘉奖①。但是,这时的考试,不仅和当时明王朝实行的科举制度不同,也没有形成一定的制度。

1644 年,清王朝建立之后,范文程建议采用明王朝科举取士的制度。他在奏疏中说:"治天下在得民心。士为秀民,士心得,则民心得矣。请再行乡、会试,广其登进。"②企图通过科举取士来笼络知识分子,消除广大人民对满洲贵族的反抗情绪。他的建议,得到了清统治者的采纳,决定于顺治二年(1645)秋八月举行乡试,三年(1646)春二月举行会试。并且规定:"嗣后以子、卯、午、酉年乡试,丑、辰、未、戌年会试。奉特旨开科,则随时定期。"③清代的科举制度从此开始了。

童试的内容

清代的学校,和明代一样是科举的必由之路。府、州、县学的学生,称为生员。未取得生员资格的知识分子,不论年龄大小,都称为儒童或童生。童生要取得生员的资格,必须经过县试、府试和院试。这一系列的考试,总称为童试。

县试,由各县的知县(隶属于府的各州、厅为知州、同知)主持。考试的日期,通常是在二月。考试前一月,知县出示考试日期,应考的童生向本县署礼房报名,填写姓名、籍贯、年龄、三代履历。报考童生须五人联保,并由本县一名廪生作担保人,开具保结,以

---

① 王先谦:《东华录》天聪八年。

② 《清史稿》卷二三八。

③ 《钦定大清会典事例》卷三百三十。

证明考生确系本县籍贯，身家清白，非倡优皂隶子孙，未居父母之丧，方准应考。考试分四场或五场：第一场为正场，第二场为招覆，亦称初覆，第三场为再覆，第四、五场为连覆。每场一天，黎明前点名入场，限当日交卷。考试的内容，主要是《四书》文、试帖诗、《性理》论或《孝经》论。此外，还要默写《圣谕广训》百余字。第一场录取从宽，凡被录取者都可参加府试。以后各场是否续考，听凭自愿。每场考试之后，都要发榜，称为"发案"。前面的三场或四场，写成圆形，人们称之为"圈"或"团"。取在五十名以内的为第一圈。圈分内外两层，外层三十名，内层二十名。也可不分内外，列四五十名为一大圈。圈的中心，用朱笔写一"中"字。"中"字的一竖，上长下短，据说是"取其似'贵'字头，为吉祥也"[①]。外层正中提高一字写的为第一名，其他名次，由左依次递数。因为，卷上的考生姓名是经过弥封的，发案时只能写坐位号，所以，被录取的考生称为出圈或出号。最后一次发榜，才将所有被录取的考生，依名次排列，用真名实姓发案，称为长案。长案的第一名称为县案首。最后一名之下，用朱笔画一钩，形似椅子的椅面和靠背，表示到此为止，这末一名就被戏称为"坐红椅子"。

考试结束后，由县署造具名册送交本县儒学署，并申送本府或直隶州、厅参加府试。

府试，由各府的知府（各直隶州的知州，直隶厅的同知）主持。考试日期多在四月。因故未参加县试的童生，必须补试一场，才能参加府试。报名、填写履历，取具同考五人互结，廪生保结，以及考试的场次、内容、方法、出圈、出长案都和县试略同。只是，在府试

---

① 章中如:《清代科举制度》,《童试》。

时，除了原有的一名认保廪生之外，还要添派一名廪生作保，称为派保。府试录取的第一名称府案首。考试完毕，由府（直隶州、厅）造具清册申送学政，参加院试。

院试，是童试中最关键的一次考试。顺治（1644—1661）初年，直隶、江南设提督学政，其余各省设提学道。雍正四年（1726）将各直省学政一律改为学院。所以，由学政主持的考试，称为院试。

学政的职责是"掌一省学校士习文风之政令"[1]。三年一任，于子、卯、午、酉年八月由皇帝亲自选派，"一经领敕，次日即行赴任"[2]。到任之后，就要依次巡视所属学校，第一年举行岁试，第二年举行科试，岁试和科试都称院试，从童生中考选生员，就是岁试和科试的基本任务之一。

童生的入学考试，清初用《四书》文、《孝经》论各一篇，《孝经》题少，又从《性理》、《太极图说》、《通书》、《西铭》、《正蒙》中命题。后来规定，正场试《四书》文二，覆试《四书》文、《小学》论各一。雍正（1723—1735）初，科试加经文。冬天日短，试《四书》文、经文各一。不久，又定科试除试《四书》文、经文外，增策、论题，仍用《孝经》。乾隆（1736—1795）初年，覆试兼用《小学》论。中叶以后，试《四书》文、经文各一，增五言六韵诗一首。

岁试和科试，都在各府或直隶州、厅的治所举行。一切有关考试的组织工作，都由各府的知府，各直隶州、厅的知州、同知负责，称提调官。考试的试场，在学政的"驻扎衙门"，或称考棚，或称贡院。据《钦定大清会典事例》记载：考棚有堂，上设公座，堂外甬道东西两侧设考案，以《千字文》横列编号，每额悬粉牌一面，大书某

① 《清朝文献通考》卷八十五。
② 《钦定大清会典事例》卷三百六十八。

字号,悬灯于上。考案前后左右各相距二尺,案脚用长竹编结,以防移动,案上贴纸,上写某字几号。考试这一天,照例是黎明前点名入场,发给试卷,考生按卷面钤印的坐位号入座,随将大门、仪门封锁。堂上击云板,试场立即肃静。差役执题目牌在甬道上往来行走,使考生看清题目。视力有缺陷的考生,可以站起来请求教官将题目高声朗诵二三遍,但不能离开座位。在考试过程中,有兵丁严密监视,如有移席、换卷、丢纸、说话、顾盼、吟哦等情况,一经发现,即行查究。巳时,二门上击鼓三声,许饮茶水、上厕所一次。未时,大门外击鼓三声,堂上巡绰官击云板三声,高呼:"快誊真!"申时,大门外再次击鼓,堂上击云板,不论是否誊完都必须交卷,不交者收卷扶出。交卷时,考生将卷面写有本人姓名的浮签揭下,记明坐号。受卷官每收一卷,发给一牌,积至三十人,开门一次,收一牌,放一人。学政阅卷取录,只凭坐号发招覆团案,覆试已定,被取录者的卷子均须钤盖学政关防,发交提调官拆出卷后编号,经检验与编号册姓名相符,然后填榜发案,录取的第一名称为院案首。

生员的录取名额,与当地文风的高下,钱粮丁口的多少有十分密切的关系。清代初年,将府、州、县学分为大、中、小三类。顺治四年(1647)定:大学四十名,中学三十名,小学二十名。顺治十五年(1658)又定:大府二十名,大州、县十五名,小州、县四名或五名。康熙九年(1670)再定:大府、州、县仍照旧额,中学改为十二名,小学七名或八名①。后来又屡有增广和永远增广的名额,到了清代后期,录取的名额也就越来越多了。

被录取的新生,须填写履历表,当时称为亲供。填写的内容包

---

① 《清朝文献通考》卷六十九,《学校考》七,《直省乡党之学》。

括姓名、年龄、籍贯、三代履历，并须注明身材、面貌，由各属教官审核并盖上印鉴后，汇送学政。学政在考棚大堂召集新生行簪花礼。留州县的称州县学生员，拨往府学的称府学生员。各府、州、县接到学政发下的新生名单（俗称红案）后，即通告新生于某日雀顶蓝袍[①]，齐集官署大堂设宴簪花，并由各府、州、县官率领，到文庙拜谒孔子，到学宫明伦堂拜见学官，算是正式入学了。府、州、县学的学宫，都有一个半圆形的水池，称为泮水，所以称府、州、县学为泮宫，称入学为入泮。《诗·鲁颂·泮水》说："思乐泮水，薄采其芹。"所以又称入学为采芹。明代称初入学的人为附学生员，清代沿袭了这一名称，称为附生。此外，还有庠生、茂才、博士弟子员等名称，而最普遍的称呼则是秀才。

入 学 之 后

按照清代的规定：新生入学后，要在校学习，直到下一次新生入学才能毕业。在这期间，教官负责考核，有月课，有季考，除考《四书》文外，兼试策论。月课、季考的第二天，讲《大清律》中有关刑名、钱谷的重要规定若干条。每月召集全体生员于明伦堂诵《卧碑文》和《训饬士子文》。除丁忧、患病、游学、有事故外，不应月课三次者戒饬，终年不应的取消生员资格。试卷还须申送学政查核。到了嘉庆（1796—1820）年间，月课渐不举行。嘉庆曾根据御史辛从益的建议诏令整顿。但此后"教官多阘茸不称职，有师生之名，无训诲之实矣"[②]。

---

① 《清朝文献通考》卷六十九。

② 《清史稿》卷一百六。

取得生员资格以后，还要参加以后学政"按临"时举行的岁试和科试。清初规定：岁、科两试，都是《四书》文两篇，经文一篇。自从禁止给烛以后，不出经题。雍正元年(1723)定岁试用《四书》文二篇，科试加经文一篇，冬月试《四书》文、经文各一篇。雍正六年(1728)，改为岁试《四书》文两篇，经文一篇，冬月，《四书》文、经文各一篇。科试《四书》文、经文、策各一篇，冬月减经文。乾隆二十三年(1758)又改为岁试《四书》文、经文各一篇，科试《四书》文、策各一篇。不论春夏秋冬都增试五言六韵诗一首。以后历代相沿，直至清末。

岁试、科试，都按成绩分为六等：文理平通者为一等，文理亦通者为二等，文理略通者为三等，文理有疵者为四等，文理荒谬者为五等，文理不通者为六等。并要按等进行奖惩，称"六等黜陟(zhì，上升)法"。它的内容比较繁密，要了解它，须得从清代生员的等级说起。清代生员可分三等，一等叫廪膳生员，简称廪生，每年可以从国库领取白银四两，这银子被叫作"廪饩银"；二等叫增广生员，简称增生；三等叫附学生员，简称附生。生员的法定服色是蓝袍，如因故受罚，则改穿青衫，称为青衣；县学以下，各乡还设有社学，本是供童生读书的地方，如生员因故受罚，被府、州、县学遣送到社学，则称之为"发社"。

"六等黜陟法"规定：凡考列一等的，不管是增生、附生，还是青衣、发社，统统都有资格"补廪"，即填补廪生的缺额，成为廪生。但廪生名额有限，不一定能马上补廪，则附生以下都补增生；如增生名额也不足，则青衣、发社都补附生。等到廪生有缺额时，这些取得补廪资格的生员就可以依次递补。等待补廪称为"候廪"。原来被停发廪饩银或降级的廪生、增生可以恢复原来等级。二等，增生

补廪生,附生以下都可以补增生;如果没有增生缺额,青衣、发社可以恢复为附生;廪生停廪或降为增生者可以恢复为廪生;增生降附生的可恢复为增生,但不许补廪。三等,曾被停廪但未降为增生者,可以候廪,增生降附生的,可以恢复;青衣和发社可以恢复为附生。但由廪生降为增生的不准恢复。四等,廪生免挨板子,暂时保留廪生名号,但要"停饩",限读书六个月,再补考。原来已受过停饩处分的廪生则不准补考。增生以下,就得挨板子了。五等,是廪生的,要被停廪,从廪生名额中除名,但不降为增生;已被停廪者,则要降为增生;是增生的降附生,附生降青衣,青衣发社,发社者黜为民。六等,当廪生十年以上者,受发社处分,六年以上的廪生和十年以上的增生,罚充本处吏役,其他统统黜为民。但入学不到六年的从轻发落,发往社学。

评定等第之后,接着进行"发落"。发落时,先拆六等卷,唱名发给试卷,看毕缴回,令其先散。然后拆其他各等试卷,逐一唱名,发给本人阅看,看毕缴回,分别进行赏罚。一、二等赏绢纱、绒花、纸、笔、墨;三等前十名赏纸花、纸、笔;四等以下,按规定给予处分。发落完毕,一、二等生员在鼓乐导引下由中门出,三等由东角门出,四、五等由西角门出。发落时缺席者革顶戴。道光(1821—1850)以后,对生员的要求有所放宽,岁考发案,偶有四等,科考只列三等,廪、增、附生降级的很少,青衣、发社两个名目,也无形废除了。

生员参加科试,凡名列一、二等及三等名列前茅(大省前十名,中、小省前五名)者,就取得了参加乡试的资格。其他名列三等的生员及因故未能参加科试的生员,在乡试之年的七月下旬,还可以参加学政主持的录科考试,录科未取及未参加科试、录科的生员,还可以参加一次录遗与大收的考试,录科、录遗的考试内容完全和科试一样,只要被录取,就可以参加乡试。1739年,乾隆在一篇上谕中说:"各省学政考试生童,为士子进身之始。"① 童试的重要性就在这里。

---

① 《钦定大清会典事例》卷三百六十八。

五、清代的最高学府

辟雍的规模和建制

清代的国子监，是封建统治阶级培养人才的最高学府。它既是进入仕途的桥梁，又是向科举制度的金字塔攀登的阶梯，在谈到清代科举制度的时候，就不能不谈到清代的国子监。

清初，沿袭了明代的制度，南京和北京都设有国子监。顺治七年（1650），改南京国子监为江宁府学，保留了北京国子监，称为国学，亦称太学。因为《礼记·王制》记载，天子的学宫名叫"辟雍"，所以国子监又称为辟雍。

清代的统治者对国子监是非常重视的。顺治元年（1644）就设置了祭酒、司业、监丞、博士、助教、学正、学录、典籍、典簿等国子监官员，建立了各种有关的制度。顺治九年（1652），清世祖福临亲自视察国子监，此后历代相沿，称为"临雍视学"。康熙时，清政府重修国子监,清圣祖玄烨亲自为国子监题写"彝伦堂"匾额,并一再谕令祭酒、司业严格执行各项规章制度。为了加强对国子监的管理,雍正三年(1725),增设管理监事大臣。乾隆九年(1744),清高宗弘历批准了祭酒孙嘉淦的请求,将国子监南面方家胡同官房一百四十二间拨给国子监,"令拔贡及助教等居住其中,就近肄业",称为"南学",大门悬额曰"钦赐学舍"①。1783 年,乾隆在一道上谕中说:"国学为人文荟萃之地,规制宜隆。而辟雍之立,自元明以来,典制阙如,自应增建,以臻美备。"②命礼部尚书德保、工部尚书兼管国子监事刘墉、侍郎成德仿《礼经》旧制,在国子监彝伦堂的南面开凿了一个直径十九丈二尺的圆池,池中方形的台基上,建造一座四面各为三间,四脊攒尖,宝顶重檐的辟雍殿。东西南北各有一桥,横跨池上。第二年工竣。1785 年,乾隆亲临辟雍,举行隆重的讲学典礼。命大学士伯伍弥泰、大学士管监事蔡新进讲《四书》,祭酒觉罗吉善进讲《周易》,并颁发了他自己撰写的两篇论文。这天,圜桥听讲的有王、公、衍圣公、大学士以下官员和肄业观礼的生员三千八十八人。国子监的规模和制度,比以往任何朝代都更加完备。

监生与贡生

国子监的学生来源广泛。《清史稿》说:国子监"肄业生徒,有贡、有监。贡生凡六:曰岁贡、恩贡、拔贡、优贡、副贡、例贡。监生凡四:曰恩监、荫监、优监、例监。荫监有二:曰恩荫、难荫。通谓之国

---

① 文庆等:《钦定国子监志》卷十,《学志》二,《修建》。

② 《清朝文献通考》卷六十四,《学校》四。

子监生"[1]。皇帝恩赐入监的称恩监,贵族官僚的子弟因祖、父为朝廷效力或死于国事而得以入监的称为荫监,由增生、附生选优入监的称优监,由俊秀[2]援例报捐的监生称例监,由廪生、增生、附生或俊秀监生援例报捐贡生的称为例贡。在国子监生中,最为人们重视的是岁贡、恩贡、拔贡、优贡、副贡,合称五贡。由五贡出身而任官职的人和举人、进士一样,称之为正途,和杂流出身者不同。

岁贡,亦称挨贡。顺治二年(1645),命直隶及各省每年贡士京师。岁贡的名额,府学岁一人,州学三岁二人,县学二岁一人。每个名额之下,选一正二陪,即正式名额一,递补名额二。由学政在各府、州、县学廪膳生员中按年资选送。如有滥充,发回原学。滥充者达五名以上,学政要被罚俸。生员入学,一般要在十年以后才能取得选送的资格。《儒林外史》第四十五回余持说"生员离出贡还少十多年哩",就是指岁贡说的。顺治十五年(1658),令岁贡到礼部时必须详查,年力强壮者,才许送国子监,从此入监的人数大大减少。康熙二十六年(1687),停止岁贡廷试。岁贡选授本省训导,只须经学政考试合格,上报吏部,得缺之后,再由巡抚进行一次考验即可。所以愿意入监读书的人就更少了。

恩贡,是皇帝特别恩赐的贡生。一种是全国性的恩贡。顺治元年(1644),为笼络汉族知识分子,诏直省府、州、县学,以本年正贡作恩贡,陪贡作岁贡。以后凡遇国家庆典或皇帝登基都照此办理。另一种则范围很小。1652年,顺治首次临雍视学,孔、孟、颜、曾等五氏子孙来京观礼生员十五人,送监读书,准作恩贡。此后各代皇帝临雍,都有恩赐圣贤后裔来京观礼生员入监读书的事例。至于

---

① 《清史稿》卷一百六,《选举志》一,《学校》一。

② 俊秀系指优秀的童生。

康熙、乾隆东巡,亲诣阙里,选拔五氏、十三氏子孙中的生员贡国子监,那更是特殊情况了。

拔贡,又称选贡。拔贡始于明代,但不大被重视。清承明制,在入关伊始的顺治元年(1644),便令顺天特贡六人,直省府学贡二人,州、县学贡一人。康熙十年(1671),根据祭酒查禄的建议,令各直省学政于院试考取一、二等的生员内,选拔文行兼优者贡太学。明年,又令选拔八旗生员入监,满洲、蒙古、汉军各二人。康熙三十七八年(1689—1690),祭酒特默德、孙岳颁面试山西、陕西、广东三省选送的十三名拔贡,均"文理不堪,字画舛(chuǎn)谬",照例驳回原卷,学政被参。于是停止选拔,"遇应行拔贡之年,以陪贡充之"①。雍正元年(1723),因太学监生皆由捐纳,能文之士稀少,又令各省学政照旧例选拔送监。1727年,雍正在一道上谕中指出岁贡的缺陷,认为仅仅"较其食廪浅深,挨次出贡",选出的人必然"内多年力衰迈之人",因此,"欲得人才,必须选拔"②。他非常重视拔贡,下令将原来的十二年举行一次改为六年举行一次。明年,又谕令学政,选拔不拘一、二等生员,酌试时务策论,只要"其人果有识见才干,再访其平日品行端方,即正考未列优等,亦准选拔"③。乾隆初年,实行拔贡朝考,考列一、二等,拣选引见录用,三等送国子监肄业。不久,停止拣选,一律送国子监肄业,三年期满,由祭酒分别等第,核实保荐,用知县、教职。1742年,乾隆因拔贡六年一举,人多缺少,妨碍举人铨选,而优秀生员也不必专凭选拔,仍改为十二年一次,成为定制。

---

① 《清朝文献通考》卷六十五,《学校》三。

② 文庆等:《钦定国子监志》卷十一,《学志》三,《员额》。

③ 《钦定大清会典事例》卷三百八十四,《礼部》,《学校》。

优贡，在清代与拔贡并重。顺治二年（1645）令直省府、州、县学，不拘廪、增、附生，选文行兼优者大学二人，小学一人送国子监肄业，名为贡监。雍正十一年（1733），开始将贡监加以区别。"优生由廪、增升入太学者，准作优贡，由附生、武生者，准作监生"①。乾隆四年（1739），规定选优名额，大省不得超过五六名，小省一二名，宁缺毋滥。于学政三年任满时会同总督、巡抚保送。优生到部，还要像拔贡朝考那样试《四书》文一篇，诗一篇。文理明通者升入太学，荒疏者发回原学，学政议处。乾隆二十九年（1764），贵州学政奏请拔贡年份暂停选优。礼部认为，拔贡十二年一举，学政三年任满，正宜举优黜劣，以示劝惩。况且所举优生，全省不过几名，又有宁缺毋滥的规定，不致滥竽充数，不须更改旧例。嘉庆十九年（1814），御史黄中杰奏请优贡与拔贡一律廷试引见录用，礼部议驳，但请免优贡来京朝考，以示体恤。嘉庆认为："各省优生，由学政会同督、抚保题，升入太学，朝考后，始准作贡生，斯合贡于王廷之义，若停止朝考，殊觉名实不符。"②为此，礼部尚书、侍郎等以"轻改旧章"受到申斥③，优贡朝考，仍照旧举行。但是，因无引见录用的规定，许多人不愿赴京报考。一直到了同治二年（1863）议定新办法，从明年甲子科开始，在保和殿考试优生，仿顺天乡试例，分南、北、中卷，考列一、二等，用知县、教职，三等用训导。优贡不愿赴京朝考的局面才有所改变。

副贡，各直省乡试，有文理优长，限于名额者取作副榜，副榜贡入太学，称为副贡。顺治二年（1645），令顺天乡试副榜五十五名，是增生、附生的准作贡监，廪生及恩、拔、岁贡均免坐监，直接参加廷试。顺治十五年（1658），因贡生人数太多，不好安排，暂停恩、拔、岁

---

① ② ③ 《钦定大清会典事例》卷三百八十五，《礼部》，《学校》。

贡,只有副榜贡生仍照旧额解送。康熙元年(1662),停止乡试副榜贡额,康熙十一年(1672),又采纳了祭酒查禄的建议,"直省乡试,仍取副榜,作贡生送监"①。

每逢乡试之年,在国子监肄业的贡生和监生,经国子监考试录科,就可以参加乡试。在籍的贡生和监生,愿到北京参加乡试的,必须在这年的二月(福建、广东、云南、贵州、四川、湖南等省可延至四月)到监肄业,才能由国子监录科。其他的贡生和监生,则由学政录科,参加各直省的乡试。贡生和监生,虽然要在乡试录取之后才能成为举人,这一点和生员一样,但是,他们却可通过其他考选途径进入官场任职,其身份已和府、州、县学的廪、增、附生不同,因而他们已和举人一样,可以戴金雀顶冠,穿青绸蓝边的公服和披领了②。

坐监与拨历

清代的国子监,仍分六堂,六堂的名称和明代相同,仍然是:率性、修道、诚心、正义、崇志、广业。六堂的学生都分内班和外班。内班住国子监,外班各自散处。清初规定:内班一百五十名,每堂二十五名;外班一百二十名,每堂二十名。乾隆初年,改内班为每堂三十名,内外班共三百名。后将外班一百二十名裁去,不久又从内班拨出二十四名为外班。参加内、外班肄业,称为补班。要求补班的人,必须赴国子监应试,称为考到,考列一、二等的,还要进行第二次考试,称为考验。贡生考列一、二等,监生考列一等,才能补

---

① 《钦定大清会典事例》卷三百八十五,《礼部》,《学校》。
② 文庆等《钦定国子监志》卷八十一,《志余》一,《纪事》。

班,内班生"旷大课一次,无故离学至三次以上,例罚改外"①。即受由内班降外班的处分。

国子监生在监肄业,称为坐监。因为国子监生的来源不同,坐监的日期亦长短不一。恩贡六月。岁贡八月。副贡:廪膳生六月,增、附生八月。拔贡:廪膳生十四月,增、附生十六月。恩荫二十四月。难荫六月。例贡:廪生十四月,增、附生十六月。俊秀二十四月。例监从捐监月份算起,为三十六月。告假、丁忧、考劣、记过,则扣除日月。告假按期到监,或逾期而有本籍地方官公文说明超假原因的,仍可前后通算。

监生在监肄业,主要是学习《四书》、《五经》、《性理》、《通鉴》等书,至于其他经书、《二十一史》和别的著作,则由学生自行选择。每天临摹晋、唐人书法数百字。博士、助教、学正、学录每月各讲书一次。监生有"日课册",每十天送助教批阅一次,初一、十五,送祭酒、司业查验。每月十五日,祭酒、司业轮流主持,考试《四书》文一篇,诗一篇,称为"大课"。三月一季考,由祭酒主持,每月一月课,由司业主持,考试的内容是《四书》、《五经》文和诏、诰、表、策、论、判。每月初一,由博士考试经文、经解和策、论;初三,由助教考试;十八,由学正、学录考试。考试的内容是《四书》文一篇,诗一篇,经文或策一篇。

清初规定:监生坐监期满,分拨各部院实习,称为"拨历"。三月考勤,一年期满,送廷试录用。顺治三年(1646),定汉人监生积分法:在国子监的各种考试之外,每月试经义、策论各一篇,成绩优秀的拨置一等,一年中得一等十二次者免拨历,直接参加廷试,破格录用。顺治十五年(1658),祭酒固尔嘉浑建议,在监生考到的时候,

---

① 《清史稿》卷一百六,《选举志》一,《学校》一。

从中选拔一部分成绩优秀者允许积分。其他监生,坐监期满,拨部历事。积分以一年为限,在国子监的各种考试之外,每月进行一次考试,考列一等一分,二等半分,二等以下无分。有兼通《五经》,精熟全史,或者擅长临摹锺繇、王羲之等人书法,虽然文不及格亦与一分,积满八分为及格,每年不超过十余人。恩、拔、岁、副贡实习期满,还要进行考职(即廷试),上上卷用通判,上卷用知县。例监实习期满,与不积分贡生一起廷试。每百名取正印八名,其他用州县佐贰。顺治采纳了他的意见,但是,就在这一年,因贡途壅塞,暂停恩、拔、岁贡,十七年(1660),停积分法,康熙初年,又停止拨历。监生坐监期满,就咨送吏部考试,用州同、州判、县丞、主簿、吏目。此后,不再实行积分法,各部院也不再有监生拨历了。

乾隆时,祭酒孙嘉淦建议仿宋儒胡瑗经义、治事分斋遗法,要求肄业诸生在专治一经或兼治他经"探其原本,讲明人伦日用之理"的同时,还要对历代典礼、赋役、律令、边防、水利、天官、河渠、算法中的某一方面或某几方面的源流利弊进行研究。三年期满,分别等第,以示劝惩。乾隆采纳了他的意见,令肄业诸生有心得或疑问,都逐条札记,呈助教批阅,并按期呈祭酒、司业审查。季考、月课,改为《四书》题一,《五经》讲义题各一,治事策问一。这时,举人吴鼎、梁锡玙被授为司业,进士庄亨阳、举人潘永季、蔡德峻、秦蕙田、吴鼐、贡生官献瑶、王文震、监生夏宗澜都因对经学很有造诣而先后被推荐为国子监属官,分长六堂,各人主讲一经,有"四贤五君子"之称。不久,又采纳了祭酒赵国麟的建议,在经义、治事之外,还讲习时艺,将《钦定四书文》颁六堂诵习,学习八股文,也被列为国子监生学习的一项重要内容。

到了嘉庆、道光的时候,国子监监规日益废弛,道光末年,下诏

整饬南学，住监肄业者有一百余人，但积习难反，没有多大起色。咸丰年间因为战争的缘故，国子监每年的经费减少，章程也多次修改。同治元年（1862），因国子监"专课文艺，无裨实学"，令兼课策论，用经史性理诸书命题，奖励留心时务者。同治二年（1863），增发岁费三千两。同治九年（1870），恢复旧有学生名额，选文行兼优者四十人住南学，给予优厚的待遇，文风稍稍兴起。光绪二年（1876），增二十名，光绪十一年（1885），许各省举人入监肄业，称为举监。此后，不论举人、贡、监生，凡非正印官未投供（未到职任事），举、贡未传到教习（已得教习头衔而未到职）的，均得入监。但这时的国子监，既无奖励劝惩，也不考试授官，入监读书者寥寥无几。光绪三十一年（1905）废科举，裁国子监，科举与国子监一齐结束了。

六、清代的乡试

清代乡试,沿袭了明代的制度,每三年一科,于子、卯、午、酉年举行,称为正科。遇登基、万寿等庆典,特诏举行的,称为恩科。庆典适逢正科之年,则以正科为恩科,而正科或于前一年预行,或于后一年补行,清代后期,还有恩科、正科合并举行的事例。《周礼·地官·乡大夫》有"三年则大比,考其德行道艺而兴贤者能者"的记载,所以,人们称乡试为大比之年。

乡试的考场

清代乡试,除直隶不派考官参加顺天乡试之外,其他各省都在省城举行。考试的试场称为贡院。我们不妨以顺天贡院为例,看看贡院的规模和制度。顺天贡院,建于北京崇文门内观星台西北,南向。大门外有砖门四座,牌楼三座。大门五间,上悬"贡院"墨字匾。二门五间。三门三间,上悬"龙门"金字匾。龙门的北面,是一座二

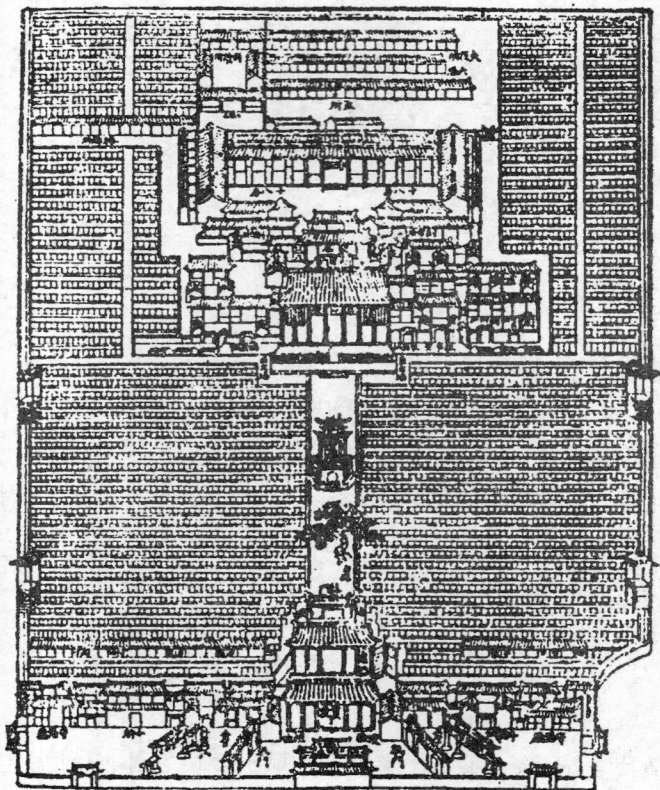

顺天贡院全图

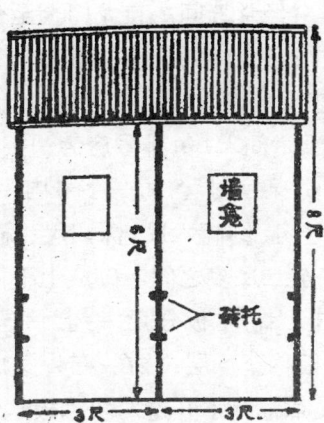

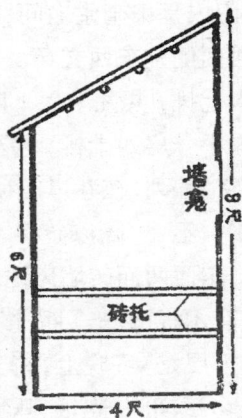

正面图　　　　　　　　侧剖面图

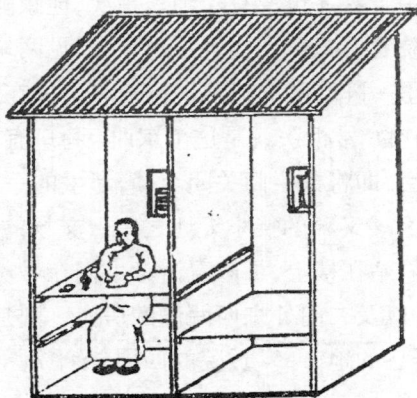

透视图

号舍正面、侧面透视图

层的明远楼,明远楼的北面,是三堂七间的至公堂,至公堂后是内龙门,门内是聚奎堂七间,最后是会经堂五间。自龙门至至公堂甬道东西两侧是东西文场。东西文场各有南向成排、形如长巷的号房五十七排,共九千六十四间,东文场内又设官生号房六十一间,西北隅小号房四十排,共八百三十六间①。每排号房为一字号,用《千字文》编列,在巷口门楣墙上书"某字号"。每一字号内,号房的间数多少不一,隔以砖墙。每间号房,约高六尺,深四尺,宽三尺,无门。东西两面砖墙离地一尺多至二尺多之间,砌成上下两层砖缝,上有木板两块,可以移动。白天,将木板分开,一上一下,上层是桌,下层是凳;晚上,将上层木板移至下层,并在一起,又成了卧榻。在考试期间,吃饭、睡觉、写文章都离不开这两块木板②。《儒林外史》第二回写周进到省城看贡院的故事。周进是乡下的老童生,年过六十,连一个秀才也没有捞到。一次,他跟随几名商人到了省城,非要去贡院看看不可,"周进一进了号,见两块号板摆的齐齐整整,不觉眼睛里一阵酸酸的,长叹一声,一头撞在号板上,直僵僵不醒人事"。书中的"号板",就是这个东西。巷口有栅栏门,巷尾有厕所,考生入号后,即将栅栏门关闭上锁,考生的一切活动,包括炊煮茶饭,都在这又矮又窄的狭小天地之中。文场的东、西、南、北,各有瞭望楼一座,站在楼上,可以看清考生们在号房内的活动。自至公堂至会经堂以及二门外东西两侧的房屋,则是考官和其他有关人员工作和居住的地方③。贡院的四周,有围墙两层,外墙高一丈

---

① 《日下旧闻考》卷四十八,《城市》。

② 商衍鎏:《清代科举考试述录》第一节,《乡试之定制》。

③ 《日下旧闻考》卷四十八,《城市》。

五尺，内墙高一丈。"围墙一周，遍覆荆棘"①。贡院被称为"棘闱"，就是因四周围有棘墙而得名的。各省贡院，和顺天贡院的规制大同小异。

乡试的内容

清代乡试，共分三场。顺治三年(1646)规定:首场试《四书》三题，《五经》各四题，考生可自选一经。自汉代以来，为《四书》、《五经》作注疏的人很多，考试须有统一的教材作标准，清政府规定:《四书》主朱熹《集注》，《易》主程颐《传》、朱熹《本义》，《书》主蔡沈《传》，《诗》主朱熹《集传》，《春秋》主胡安国《传》，《礼记》主陈澔《集说》，若采用他人的说法，就算离经叛道，是绝对不能容许的。二场试《孝经》论一篇，诏、诰、表各一通，判五条。三场试经史时务策五道。康熙二年(1663)废八股文，以策、论、表、判取士。分为二场:第一场，试策五道;第二场，试《四书》论一篇、经论一篇、表一道、判五条。康熙四年(1665)，礼部侍郎黄机上疏说:"制科向系三场。先用经书，使阐发圣贤之微旨，以观其心术;次用策、论，使通达古今之事变，以察其才猷。今止用策、论，减去一场，似太简易。且不用经书为文，人将置圣贤之学于不讲，请复三场旧制。"②他的建议，得到了采纳。康熙七年(1668)，恢复旧制，仍用八股文。试《四书》、《五经》。这时，考生大都不作诏、诰，形同虚设，康熙二十年(1681)，下令删去。原来的论题，专用《孝经》，因《孝经》论题很少，康熙二十

---

① 《钦定大清会典事例》卷三四三，《礼部》，《贡举》，《试院关防》。
② 《清史稿》卷一百八，《选举志》三。

九年（1690）议准："嗣后将《性理》、《太极图说》、《通书》、《西铭》、《正蒙》一并命题。"①康熙五十五年（1716），改为论题专用《性理》。雍正即位之后，认为"《孝经》与《五经》并重，为化民成俗之本。宋儒书虽足羽翼经传，未若圣言之广大"，从雍正元年（1723）开始，"论题仍专用《孝经》"②。乾隆二十一年（1756），对乡试三场的内容作了较大的改动。"第一场，止试以《四书》文三篇；第二场，经文四篇；第三场，策五道。其论、表、判概行删省"③。乾隆二十二年（1757）规定，从乾隆二十四年（1759）己卯科乡试开始，"于第二场经文之外，加试五言八韵唐律一首"④。乾隆二十三年（1758）规定：第一场《四书》文三题之后，仍出《性理》论一题。乾隆四十七年（1782）又定：将二场排律诗一首，移置头场《四书》文之后，《性理》论一道，移置二场经文之后。乾隆五十年（1785），又将二场论题改为从《孝经》、《性理》中轮流出题。1787年，乾隆认为，考生各治一经，于他经并不旁通博涉，非敦崇实学之道。分经阅卷，又容易产生弊端，决定从乾隆五十三年（1788）戊申科乡试开始，在五科（即五次乡试）之内，按《诗》、《书》、《易》、《礼记》、《春秋》的顺序轮流命题，考完《五经》，然后将第二场论题裁去，以《五经》各出一题，一并进行考试，从此成为定制⑤。

　　1898年，光绪根据康有为等人的建议，下诏改革科举考试的制度，由于慈禧发动政变，一切新政都被废除。义和团运动之后，慈禧为了收买人心，下诏实行"新政"，光绪二十七年（1901）宣布：乡试首场改试中国政治史事论五篇，二场各国政治艺学策五道，三

① 《钦定大清会典事例》卷三三一，《礼部》，《贡举》，《命题规制》。
② 《清史稿》卷一百八，《选举志》三。
③④⑤ 《钦定大清会典事例》卷三三一，《礼部》，《贡举》，《命题规制》。

场《四书》义二篇,《五经》义一篇①。但是,实行不久科举制度就废除了。

严密的科场条规

清代乡试,例于秋八月举行,称为"秋闱"。初九日第一场,十二日第二场,十五日第三场。都是前一天点名领卷入场,后一天交卷出场。为了防止考生作弊,顺治二年(1645),就作了明确的规定:"生儒入场,细加搜检。如有怀挟片纸只字者,先于场前枷号一个月,问罪发落。如有倩人代试者,代与受代之人一体枷号问罪。搜检员役知情容隐者同罪。"②康熙五十三年(1714)又规定,考生入场,"皆穿拆缝衣服,单层鞋袜,止带篮筐、小凳、食物、笔砚等项",其余别物,一律不准携带③。但挟带者仍然不乏其人。乾隆九年(1744),顺天乡试,第一场,搜出怀挟二十一人,第二场又搜出怀挟二十一人,因怕被搜查而闻风散去者达二千余人之多,贡院门外被抛弃在墙阴路隅的蝇头小卷不计其数。这样大规模的作弊,使乾隆非常恼火,令有关大臣议定新的条规,对考生的要求更加严格:帽用单层毡,大小衫袍褂俱用单层,皮衣去面,毡衣去里,裈(kūn,裤子)裤不论绸、布、皮、毡,都只许单层,袜用单毡,鞋用薄底,坐具用毡片,卷袋不许装里,砚台不许过厚,笔管镂空,水注用瓷,木炭只许长二寸,蜡台用锡,止许单盘,柱必空心通底,糕饼饽饽,都要切开,竹、柳考篮,照南方式样编成玲珑格眼,底面如一,以便搜

---

① 《清史稿》卷一百八,《选举志》三。

② 《清朝文献通考》卷四十七,《选举考》一。

③ 《钦定大清会典事例》卷三四一,《礼部》,《贡举》,《整肃场规》一。

检①。点名时，头、二门内负责搜检的差役排成两行，考生开襟解袜，从中鱼贯而入，以二人搜检一人，细查每个考生的衣服器具。如果二门搜出怀挟，即将头门没有搜出之官役照例处治。搜检完毕，考生各按卷号进入号房，不得在号外停留。某字号人满，即将某字号栅栏门关闭上锁，不许私开私出，及传递茶汤等物。考生全部入场后，鸣炮三响，贡院大门、龙门亦关闭上锁，由监临加封。

三场试题，除顺天头场试题由皇帝"钦命"外，其他两场试题和各省试题一样由考官自行拟定。于各场考试前一日刻印完毕，分别在初九、十二、十五三天，也就是所谓的正场日子时散发，从号房巷口栅栏门缝隙中送入，考生每人一张，紧张的考试就开始了。

缮写试卷，必须按一定的规格，不能违反。如果"试卷题字错落，真草不全，越幅（中间有空页），曳白（白卷），涂抹污染太甚，及首场七艺起讫虚字相同，二场表失年号，三场策题讹写，及行文不避庙讳、御名、至圣（孔子）讳"，就要"以违式论，贴出"②。将本卷折角，写明缘由，并用蓝榜公布于贡院外墙。凡是在第一、二场被贴出的考生，就不能继续参加下一场或两场的考试，自然不可能被录取了。

到了出场日期，有若干人完卷时，才开放栅栏门一次。放出后，即重新关闭加锁，已出号的考生，不得再进入号房。交卷的地方在至公堂。受卷官每收一卷，发给一签，务令卷数与人数相合。集有千数百人时，开龙门、贡院大门一次，验签放出，放出后，即行关闭，称为放牌。午前放第一牌，午后放第二牌，傍晚放第三牌，以后即不再关闭，戌时清场，打扫号舍，考生不管完卷与否，均须出

---

① 《钦定大清会典事例》卷三四一，《礼部》，《贡举》，《整肃场规》一。

② 《清史稿》卷一百八，《选举志》三。

场。只有第三场提前于十五日放牌，所以有的考生在试毕出场之后还可以欣赏中秋月色，未完卷的考生，仍然到十六日清场。

"三场辛苦磨成鬼，两字功名误煞人"[1]。当年考生的辛酸，我们是很难想像的。

内外帘官的职责

乡试期间，贡院至公堂后的内龙门由监临封锁，门外挂帘。场中官员，根据工作性质，分别住在帘内和帘外，于是有内外帘官之称。主考、房官、内提调、内监试、内收掌为内帘官，监临、外提调、外监试、外收掌、受卷、弥封、誊录、对读等为外帘官。这些官员，职责不同，人选和委派的方法也不一样。

主持乡试的官员，称为主考。主考有正有副，由皇帝选派。清初，顺天、江南正副主考，浙江、江西、湖广、福建正主考，差翰林官八员。其他省分，用给事中、光禄寺少卿、六部司官、行人、中书、评事。某官差往某省，都是一定的。康熙三年(1664)，除定差之例。各直省主考，原来都是二人，一正一副。只有顺天主考，从乾隆(1736—1795)中叶开始，增为一正二副，同治(1862—1874)年间，更增为一正三副。选派主考，最初不限出身。雍正三年(1725)，颁考试试官之令，始限于从翰林及进士出身的部院官员中选派。主考、副主考，都是一种临时差使，没有任期，考试完毕，仍回原职。

同考官的职责是分房阅卷，故称房官，又称房师。顺天同考官，由礼部会同吏部选用科甲出身的中下级官员，由皇帝钦定。各

---

[1] 引自章中如:《清代考试制度》,黎明书局,1931 年版第 24 页。

省同考官,初用本省科甲出身的官员和邻省进士出身的推官、知县或举人出身的教官。雍正七年(1729),停用本省现任知县,于邻省在籍候选的进士、举人中,考选文行素优者担任。又因"两省接壤之地、居址相连,不无亲朋往来,素相交好",为了避免"暗通关节,夤缘作弊",附近三百里者,不得咨送①。雍正十三年(1735),又改为由各省督抚于本省进士、举人出身的属员中拣选。顺天同考官,初为二十人。各省同考官,以参加考试的人数为准。每房分阅三百卷或二百五十卷,"计数分房,计房取官"②。后来,顺天及大省定为十八人,中省十四人,小省十二人或十人。此后又有增有减。乾隆以前,考生专治一经,阅卷时按经分房。乾隆四十二年(1777),改变了作法,"各房阅卷,不必分经"③,十年以后,考生专治一经的旧例也废除了。

主考、同考之外,主要官员有监临、监试和提调。顺天乡试,由皇帝选派监临二人,满、汉各一,汉监临照例由顺天府尹担任,满监临在二、三品官员中选用。各省监临一人,最初由巡按御史担任,康熙二年(1663),裁巡按御史,福建、甘肃、四川改以总督为监临,其他各省,则由巡抚担任,巡抚因事不能入闱,可奏请以学政为监临,或委布政使代办。顺天提调,例由顺天府丞担任,监试则用满、汉御史。清初,各省提调、监试,皆分别由布政使、按察使担任,副提调、副监试则在道员中选派。因为布政使、按察使分别主管一省钱谷、刑名,入场一月有余,不能不耽误"地方公事",从雍正七年(1729)开始,改派道员充任。雍正十年(1732),又规定:各省乡试,除场内之事专由道员二人料理外,至外场三次点名、散卷、稽查等

---

①② 《钦定大清会典事例》卷三三四,《礼部》,《贡举》,《乡会同考官》。

③ 《钦定大清会典事例》卷三四七,《礼部》,《贡举》,《内帘阅卷》。

事,仍由布政使、按察使与道员一同办理。乾隆元年(1736),各省均照顺天之例增设内帘监试一员,选派道员、知府担任,监临、提调、监试,都由各省的高级官员担任,所以称为"董理重员"。

受卷、收掌、弥封、誊录、对读等官,自一二人至七八人不等,按省分大小、事务繁简决定名额。顺天在进士、举人、五贡中选派。各省在本省府、州、县佐贰等官内选择委用,从雍正十年(1732)起改为从邻省调取的进士、举人中抽签委派。雍正十三年(1735)又改为在本省进士、举人出身的现任同知、通判中调取委用。巡绰、搜检、供给等官无定额,由监临于兵弁、杂职内酌量委派。

为了防止官员们徇私舞弊,清政府也采取了一系列的措施。顺治二年(1645)规定:顺天乡试,凡已报请皇帝选派的内外帘官候选人,皆于八月初六日黎明,各具朝服,备行李,集午门外听候宣旨,被选派入闱的官员,于宣旨后,不能再回家,要立即进入贡院。各省主考官,按路程远近分批宣旨,限期起程。不携家,不辞客,不多带随从。在旅途中,不闲游,不交接。到达差往之省,立即由提调官迎入公馆,不得在外逗留。各省选派的内外帘官,一经宣布,也立即入闱,不得在外居住,与人交接往来。内外帘官携带的行李和供给官每天供给的饮食、物品,都要经过认真的检查。贡院封门之后,官员不得出入。各省监试、提调等大员,有不得已而出入者,在内的仆人不得随出,在外的仆人不得随入。如有违反,要照例治罪。

清代乡试,在将试卷送考官校阅之前,和明代一样要经过弥封、誊录、对读与套分朱墨卷等各项手续。受卷官收毕每场试卷之后,在卷面盖上具有自己衔名的戳记,每十卷为一封,汇送弥封所。弥封官将试卷卷面折叠、弥封糊名,将所备誊录之卷连同考生

试卷用《千字文》编列红号,每一百卷编一字号。使用时,将次序搅乱,二、三场与头场同用一号。弥封官亲自钤印,送誊录所。誊录所有从各府、州、县书吏内选调的誊录书手若干名,将考生试卷用朱笔照誊一遍,称为朱卷,添注涂改的地方,不予誊录。考生的原卷用墨书写,称为墨卷,每名誊录,每天定额誊写三份试卷,所以誊录的名额,决定于考生的多少。主持誊录所的官员,称为誊录官。誊录完毕,送对读所。对读所的任务,是核对朱卷是否与墨卷一致,倘有讹误,即予以改正。参加对读的人员,是岁试和科试中考列四、五等的生员,如本人年老有病,不能参加,可以交纳罚金自赎。四等的交银四两,五等的交银八两。对读生不敷使用,可以调拨文理明通的誊录书手补充或雇用家境清贫的知识分子。主持对读所的官员,称为对读官。誊录、对读,都建有号舍,作为工作和住宿的场所。弥封、誊录、对读等官,都要在朱卷卷面上戳印自己的衔名。誊录、对读生则在墨卷的卷尾写上自己的姓名和籍贯。对读完毕,将朱墨卷套在一起,送外收掌所。外收掌所官员核对朱墨卷红号无误,再将朱墨卷分开,墨卷存外帘,由外收掌保管,朱卷则分包分批送提调堂挂批,由监临挨包盖印,陆续装箱送内帘交内收掌。

第一场试卷送入内帘后,就开始阅卷。评阅的地方为聚奎堂。此堂各省名称不一,江南、湖南、福建、贵州等省称衡鉴堂,河南称文明堂,有的亦称抡才堂。首由内监试请主考升堂分卷,其他内帘官全部参加。内收掌按房官人数将试卷分为若干束,正主考抽房签,副主考抽第几束签。房官根据抽签的结果,决定分在第几房、看第几束试卷。顺治二年(1645)规定:“主考与各房同坐一堂,随分随阅,随取随呈。”[①]但是,同堂阅卷,比较拘束,所以,后来只在堂

---

① 《钦定大清会典事例》卷三四七,《礼部》,《贡举》,《内帘阅卷》。

上阅一、二卷，各房官即回到自己的住处，分头校阅。校阅试卷，"去取权衡，专在主考"①。房官的职责，是向考官推荐优秀的试卷。房官在校阅中将自己选中的试卷加圈加批，荐给主考，称为荐卷。第一场已荐，二、三场试卷加批续荐，如果二、三场试卷颇佳而第一场试卷未经推荐的，可以加批补荐。正、副主考校阅各房荐卷时，先阅头场，再阅二、三场，根据三场的全部成绩决定去取。顺治十六年(1659)规定："司试各官，分别三场，遍阅合订。先录其全瑜者；若首场工而后场不称，黜不与选；首场平通而二、三场辞理博雅，断据详明者，并与收录。"②取定之后，还要核对朱卷二、三场默写前场小讲是否相符，如有怀疑，可以请监试从外帘调取墨卷进行核对。为了使佳卷不致遗漏，康熙五十年(1711)规定："各房考荐卷之外，主考并将余卷遍加校阅。"③这种作法，称为"搜落卷"。

同考官未荐之卷，或同考官已荐而主考官未取之卷都称为落卷，分别由同考、主考略加批语，说明未荐和未取的原因。未被录取的考生，于发榜后十日内，顺天在顺天府，各省在布政使司领取阅看。

正榜和副榜

乡试中额，依文风之高下，人口之多寡，丁赋之轻重而定，所以各直省中额多少不一。顺天最多，一百六十八名，贵州最少，四十名④。此后，各直省的乡试中额有分有合，有增有减。顺治七年(1650)，裁南京国子监，将南京国子监的中额并入北京国子监。顺

---

① ② ③ 《钦定大清会典事例》卷三四七，《礼部》，《贡举》，《内帘阅卷》。

④ 各省名额见《钦定大清会典事例》卷三四八，《礼部》、《贡举》、《乡试中额》一。

治十七年（1660），将原定乡试中额减去一半。康熙五十年（1711），因"各省读书士子日盛"，遵旨议定：直省中额均增加五分之一。雍正元年（1723），因湖南考生赴湖北乡试，必经由洞庭湖，六、七月间，风雨不测，间有覆溺之患，令在湖南建立贡院，使考生就近入场。将湖广中额分为湖北五十名，湖南四十九名①。乾隆九年（1744），顺天乡试，考生舞弊，情况严重，乾隆一怒之下，诏减直省中额十分之一。咸丰（1851—1861）、同治（1862—1874）年间，各省捐输军饷，动辄数百万，各省中额，先后有所增加。但是，增广名额，大省不得超过三十名，中省不得超过二十名，小省不得超过十名。至于恩科加中名额，各省自二三十名至数十名不等，这种临时性的增加，属于例外。

按中额录取的称为正榜。正榜之外，还有副榜。顺治二年（1645）规定："直省乡试卷，有文理优长，限于额数者，取作副榜，与正榜同发。"②副榜的中额，最初各直省从六名到二十名不等。康熙十一年（1672）议准："直省乡试，每正榜中额五名，设副榜中额一名。"③此后成为定制。副榜与正榜虽然同时发布，但是，中副榜者要取得举人的资格，还必须在以后的乡试中取入正榜。雍正四年（1726）虽有"今年各省五经取中副榜之人"与"所中副榜内有两次中副榜者"，均"准作举人，一体会试"之谕，但是，这样的举人，"俱系特典，后不为例"的④。

清初规定：直省放榜日期，大省于九月五日前，中、小省于八月末。后因应试人多，试卷增加，限于出榜日期，"考试官不能细心遍

---

① 《清朝文献通考》卷四十九，《选举考》三。

② 《清朝文献通考》卷四十七，《选举考》一。

③④ 《钦定大清会典事例》卷三四八，《礼部》，《贡举》，《乡试中额》。

阅，草率录取，以致遗失佳卷"，为了使"考试官得以详阅试卷，不致有遗珠之叹"，康熙五十年（1785），将各直省乡试放榜日期改为大省于九月十五日内，中省于九月初十日内，小省于九月初五日内[①]。发榜多在寅日或辰日，而寅属虎，辰属龙，于是人们称之为"龙虎榜"。放榜的时候，正值桂花盛开，所以人们又称之为"桂榜"。

放榜的前一天，主考先将填好名次的红号草榜交给监临，从外帘调取墨卷。写榜时，主考、监临、学政、房官、提调、监试等齐集聚奎堂或至公堂，主考居中，监临在左，学政在右，内外帘官依次坐于东西两侧，每人手里都有一份草榜，每人的面前都有一份墨卷，称为"铺堂卷"。书吏请发朱卷，核对墨卷红号与朱卷相符，才拆开墨卷弥封。每拆一卷，由执事官朗诵小讲，互对无误，即照写榜条，连同朱墨卷呈正、副主考。副主考在朱卷卷面第几名下书姓名，正主考于墨卷卷面右方照书朱卷之名次，随将姓名、籍贯等注明于草榜之内，交书吏唱第几名某某及某府、某县、某生等。唱毕，写正榜。榜由第六名写起，写完末一名，再提写前五名，由第五倒写至第一，称为"五经魁"。因为，在乾隆五十三年（1788）之前，考生于五经内认考一经，每经取一名为首，这就是"五经魁"的由来。"五经魁"写毕，写副榜。写榜的同时，另由书吏照填《题名录》。全榜写毕，书吏朗诵一遍，视与榜条相符，顺天盖顺天府尹印，福建、甘肃、四川盖总督关防，其他各省盖巡抚关防，年月及接缝处均盖用。载以黄绸彩亭，用鼓乐、仪仗、兵丁护送，顺天于府尹衙门前，各省于布政使司或巡抚衙门前张挂。放榜的当天，各直省的监临分别将《题名

---

① 《清朝文献通考》卷四十八，《选举考》二。

录》进呈皇帝御览。名列正榜的称为举人，正榜第一名称为解元（意即地方选送给朝廷的第一名人才），名列副榜的称为副贡。

正、副榜的朱卷，于放榜后送还内帘，主考交各房官磨勘、加圈、写批，将原卷上房官、主考所写之浮批(写有批语的纸条)取下，另写批语八字于卷上。房官的叫荐批，副主考的叫取批，正主考的叫中批。由监试交内收掌解布政使司咨送礼部①。

发榜的第二天设鹿鸣宴。主考、监临、学政、内外帘官、新科举人都要参加。主考、监临、学政等先行谢恩礼，再由新科举人谒见主考、监临、学政等内外帘官。颁给主考、监临等官金银花、杯盘、绸缎等物，发给新举人顶带衣帽等项，然后入座开宴。歌《鹿鸣》诗，跳"魁星舞"。歌舞刚一结束，抢宴者就一哄而起，无复秩序。这是乡试的尾声，也是乡试的高潮。举人届周甲六十年，逢其乡试原中之科，三品以上，由本省督抚专折奏请，四品以下，由本省督抚咨报礼部，准与新科举人同赴鹿鸣宴，称为重宴鹿鸣。

---

① 商衍鎏:《清代科举述录》第六节《乡试之中额》。

七、清代的会试

　　清代的会试和明代一样是由礼部主持的全国性的考试，称为"礼闱"。参加考试的人，必须是各直省乡试中式的举人。但是，乡试中式并不等于取得了参加会试的资格。举人在参加会试之前，还必须经过磨勘和复试。因此，在讲到清代会试的时候，不能不从磨勘和复试讲起。

会试前的磨勘复试

　　磨勘，是清中央政府对各直省乡试进行检查的一项重要措施。顺治二年(1645)规定：各直省乡试填榜之日，监临督同外帘官将朱墨卷逐一查对，如果朱卷字号没有差错，墨卷文字没有关节可疑之处，"即用印钤盖，差人星夜解部，以凭磨勘"①。并根据路程的远近，要求各省试卷分别于九月至十二月内解送到部，"迟延者，听

---

　　① 《钦定大清会典事例》卷三五八，《礼部》，《贡举》，《解卷》。

部科纠参"①。为了防止考官于闱后修改试卷,顺治八年(1651)又进一步规定:乡试放榜的当天,各直省主考、监临、布政使、知府等官共同在场,将取中举人朱、墨卷进行包裹,每十卷为一封,各用印信,即日起程,解送礼部。到部的期限:顺天是放榜的次日(后改为即日),其他各省分别为二十日,四十日,五十日,七十日,九十日。如果违限十天,顺天府尹、各省布政使罚俸一月,解送官议处②。康熙十五年(1676),又加重了解卷迟延的处分。如果责任在顺天府尹、直省布政使,每迟十日,罚俸两月;如果责任在解送人员,则行文该省督抚,从重治罪③。

磨勘试卷,目的是"防弊窦,正文风"④。磨勘时,"首严弊幸,次简瑕疵"⑤。从考生的试卷以至考试的各个环节,都在磨勘的范围之内。如果考生的试卷有文体不正,字句可疑,全篇剿袭,朱、墨卷不符,策文所答非所问等情况,即行斥革。如有不遵传注、俚言谐语,不避庙讳、御名、至圣(孔子)讳,誊真用行书、草书,文中引用后代史实和书名,《四书》文过七百字,剿袭雷同至十余句,三篇全用排偶,诗平仄失调,多韵少韵,策文不满三百字,抬头不合规定,或论及本朝臣子人品学问等情况,则罚停会试一科至三科。主考、同考也将因情节的轻重,分别受到罚俸、革职和革职提问的处分。条例之严,前所未有。

磨勘试卷的官员称为磨勘官。照例于乡试揭晓前由礼部请旨派出。磨勘官的人选,清初由礼部和礼科的官员担任。康熙四十年(1701),改为在九卿翰詹科道等官员中选派。乾隆元年(1736),又

①②③　《钦定大清会典事例》卷三五八,《礼部》,《贡举》,《解卷》。

④　《钦定大清会典事例》卷三五八,《礼部》,《贡举》,《磨勘处分》。

⑤　《清朝文献通考》卷四十七,《选举考》一。

改为令都察院科道五品以上科甲出身的官员和翰林院、詹事府中赞以上的官员共同磨勘。从乾隆二十五年（1760）开始，增派编修、检讨，并将磨勘官的名额定为四十人。同治十三年（1874），增为六十人，"仍照例将科甲出身之京堂科道翰詹等官开列奏派"①。

先是，磨勘试卷，并不署名，对磨勘官也没有奖惩的条例。参加磨勘的官员"每托名宽厚，不欲穷究"②。1756年，乾隆令从下科开始，磨勘朱卷，俱于卷面填写衔名。另派大臣复勘，最后，他本人还要进行抽查。如有草率从事者，即交部照例分别议处。乾隆二十五年（1760）又作出了对磨勘官议叙、议处的规定，因循敷衍之习为之一变。乾隆三十四年（1769），福建举人林元桂文内用了一个佛教的名词："衣钵"，照文体不正例，革去举人，并将原有的训导、岁贡一并褫革③。乾隆四十五年（1780），江南乡试第一名顾问头场《四书》文三篇，全用排偶，罚停会试三科，考官交部议处④。乾隆五十八年（1793），因罚令停科的人很多，主考刘墉、铁保、吴省钦按考生停科名数，被罚俸至十余年，房官被罚俸、降级的也多达十余人⑤。咸丰（1851—1861）以后，磨勘的条例渐宽，同治（1862—1874）年间，被罚停科的举人，准以银两捐免，磨勘试卷就形同虚设了。

清代初年，乡试之后并不进行复试。1657年，顺天、江南乡试都发生了考官收受贿赂，徇私舞弊的事件。为了"严绝弊窦"，1658年，顺治亲自对两闱举人分别进行复试。这是清代乡试复试的开始。复试的结果，顺天米汉雯等一百八十二名仍准会试，苏洪浚等

① 《钦定科场条例》卷五十，《磨勘》，《磨勘事宜》。
② 《清史稿》卷一百八，《选举志》三。
③④ 《钦定大清会典事例》卷三五八，《礼部》，《贡举》，《磨勘处分》。
⑤ 商衍鎏：《清代科举考试述录》第二章《举人及关于举人系内之各种考试》。

八名文理不通,革去举人。江南汪溥勋等七十四名仍准作举人,史继伕等二十四名亦准作举人,罚停会试二科,方域等十四名文理不通,均革去举人。只有吴鸣珂一人,因三次试卷文理独优,特准同本科会试中式举人一体殿试。1699年顺天乡试,发榜之后,议论纷纷,御史鹿佑指参本科顺天乡试不公。康熙令将所取举人全部齐集内廷进行复试。他亲自命题,并派遣皇子、重臣、侍卫严加监试。评阅时,分列四等。四等者黜革,三等以上仍准会试①。

乾隆年间(1736—1795),举人复试时举时停,复试范围或大或小。乾隆九年(1744)规定:各省乡试放榜后,乘举人赴省填写亲供之便,由各省巡抚会同学政在巡抚衙门出《四书》二题当面复试,如有文理荒谬以及不能完卷者,即时讯得实情,分别办理。其并无情弊之人,即给予咨文,赴礼部会试,并将复试卷一并解部,听候磨勘②。后因入场时已严行搜检,令将各省复试停止。乾隆五十二年(1787)将各省中式举人复试列入科场条例。不久,乾隆感到"各省人数众多,难以遍行复试",又将复试的范围局限于丙午以前三科顺天乡试中江苏、安徽、江西、山西、广东、浙江六省由俊秀报捐贡监生的中式举人。"未经复试之人,不得赴会场考试,亦不准赴吏部截取铨选"③。就在这一年,顺天府查奏万治庭顶名代情的情况,乾隆令将复试范围扩大为所有顺天乡试中式举人④。乾隆五十八年(1793),令各省乡试后普遍进行复试。复试卷仍一律解京,与乡试卷一并磨勘。但是,实行不久,又将顺天及各省乡试榜后复试之例停止。

嘉庆四年(1799),恢复了乡试榜后复试,将复试的内容简化为

① 《清朝文献通考》卷四十八,《选举考》二。
②③④ 《钦定大清会典事例》卷三五一,《礼部》,《贡举》,《复试》。

一文一诗。复试的条例,也比以前宽大了。

道光二十三年(1843)对举人复试作了详细的规定:各省新中举人于会试年二月初十日前全行到京,取具同乡京官印结送部,听候复试。二月十四日礼部奏请选派阅卷大臣并钦命《四书》题、诗题各一道。试题密封,交礼部堂官送至贡院由内帘刊刻。十五日入场考试,发给题纸,当日交卷出场。阅卷大臣分拟等第,粘贴黄签,于二十日以前全部进呈,得旨后,交磨勘官及复勘大臣核对原中各卷文理笔迹,于二十六日以前具奏,交礼部办理,礼部于二月三十日以内奏结。考列一、二、三等者准其会试,四等者罚停会试一科或一科以上,不列等者黜革。考生因路远,没有按时到达,归入顺天补行复试内一体考试,如果超过了补试之期,即扣除不许会试,仍照顺天复试例,归入下三科办理。如三科内并未复试,即永远不准会试,亦不准赴吏部铨选[①]。

咸丰(1851—1861)、同治(1862—1874)年间,由于战争的缘故,道路梗阻,光绪(1875—1908)末年,根据《辛丑条约》的规定,北京停止考试五年,举人会试,借用河南贡院,都允许考生先会试,再复试。复试的结果,如应罚停会试,即将试卷扣除。这时的复试,也和磨勘一样流于形式了。

从公车赴试到杏榜题名

清代会试,有正科和恩科之分。在乡试正科的次年举行的称为会试正科,在乡试恩科次年举行的称为会试恩科。会试,就是集中会考的意思。

① 《钦定科场条例》卷四十九,《复试》。

举人参加会试,必须先由自己提出申请,经审查合格,顺天由顺天府,各省由布政使司发给咨文赴礼部投递,称为"起送"。发给咨文的同时,还要发给路费。顺治八年(1651)规定:"举人公车,由布政使给与盘费。"①路费的多少,因路程的远近而不同。最多的是广东琼州府,每名三十两,最少的是山东,每名一两。其他地区,由三两至二十两不等。云南、贵州、新疆的举人,除每人发给白银三两外,还发给火牌,凭牌供给驿马一匹,沿途用黄布旗书"礼部会试"四字以为标志。所以"公车"就成了应试举人的代称。

各省起送的时间,顺治八年(1651)分别定为乡试之年的九月至十二月。康熙五年(1666)又进一步规定:会试举人,各直省先于年前详核造册,限十一月内送交礼部。每名举人仍发给咨文,限会试年正月初十日内到部投递,过期投文者,不准收试。后来,将投文的日期改为从二月初一日到三月初一日,如果确因途远迟误,还可以延到三月初四日。三月初四日以后,概不收纳②。

会试的时间,清初定于二月。雍正五年(1727),春季闰月,"二月节候,天气尚寒",将入场之期改为三月。乾隆二年(1737),秋季逢闰,这年的恩科会试,也改于三月举行。乾隆十年(1745),因二月"天气尚未和暖",和"各省俱须复试",将会试日期改为三月,此后成为定例③。

会试分三场,每场三日。初九日为第一场,十二日为第二场,十五日为第三场。前一日点名入场,后一日交卷放出。至于入场搜检,坐号编排,场内关防,试卷格式,受卷、弥封、誊录、对读等都和

① 《钦定科场条例》卷七,《起送会试》,《给发举人盘费》。

② 《钦定科场条例》卷十八,《试卷》,《士子投卷》。

③ 《钦定大清会典事例》卷三三〇,《礼部》,《贡举》,《乡会试期》。

乡试略同。

会试主考官称为总裁。清初用阁部大员四人或六人，多至七人，后改为二三人或四五人。咸丰(1851—1861)后，照例选派四人，一正三副以进士出身的大学士、尚书以下，副都御史以上的一、二品官员担任。会试同考官，清初用二十人。顺治十五年(1658)，将会试同考官定为十八人，按"五经"分房，人们称之为"十八房"。乾隆四十二年(1777)，停"五经"分房之例，会试同考官的名额却依然如故，直至清末。清初同考官，主要在翰林院官员中选派，兼用庶吉士，亦间用科、部中举人出身的官员，乾隆以后，始专用翰林院编修、检讨和进士出身的京官。

主考、同考，俱由礼部题请皇帝选派。按照清代的规定：会试之年的三月初三日，礼部就将听候选派人员的官衔和姓名缮写密本送交内阁，初四日具题，并将上三科考官及近三科顺天乡试考官的官衔姓名另缮夹单随题本进呈，请皇帝选派。被开列衔名官员于初六日清晨，常服朝珠，携带行李，前往午门听候宣旨，俟捧本侍卫到时，到场的人各按品级班次跪听大学士拆封宣读，被选派的人员行三跪九叩礼谢恩，立即前往贡院。入闱后，即大书"回避"二字贴于门外，并加封条，不与外界往来，家人书信亦不得送入。主考、同考的职责，阅卷和录取的程序，亦与乡试略同。

主考、同考之外，还有由皇帝选派的知贡举二人，一满一汉，皆以一、二品大员充任。正副提调二员，由礼部司官担任。至于其他内外帘官，略同顺天乡试。

会试中式，没有定额。顺治三年(1646)，首次举行会试，取中四百名。顺治四年(1647)，再行会试，取中三百名。顺治九年(1652)，仿明代旧例，分南、北、中卷，共中四百名。顺治十二年(1655)，中卷

并入南、北卷。此后，中卷屡分屡并，或在南、北、中卷中更分左右，或专取四川、广西、云南、贵州四省各编字号，分别中一、二、三名。因为南、北卷中，未经分别省份，以致各省取中人数多寡不均，边远省份或至遗漏。康熙五十一年(1712)，废南、北、官、民等字号，分省取中。每科入场时，礼部将本科应试人数，并上三科人数、中数，奏请钦定中额。大约每二十人取中一名。为了对台湾士子表示鼓励，十名以上取中一名。由于各省大小不同，人才多寡不一，所以，各省的中额，多者二三十人，少者十数人至数人。各科中额自百余名至二三百名不等。最多的一次是雍正庚戌科，录取了四百零六名，最少的一次，则是仅录取九十六名的乾隆己酉科了。

会试放榜日期，清初没有具体规定，由主考官公同议定，移送礼部奏闻。康熙二十六年（1687），定为三月初五日，康熙五十年（1711），推迟至三月十五日内。乾隆十年(1745)，因会试改期三月，于是，放榜的日期顺延到四月十五日内。会试填榜的情况，和直省乡试大体相同，只是会试的前十名和顺天乡试的前十名一样，必须由皇帝钦定名次。放榜的前一天，礼部题请皇帝于礼部尚书、侍郎中选派一名钤榜大臣和礼部选派的满、汉司官各一员护送礼部堂印入场，填榜完毕，于榜上年月及界缝处钤盖，然后将榜卷起放在案上，考官身穿朝服，向榜行礼，称为"拜榜"。拜榜后，钤榜大臣护送榜文到礼部门外张挂。这时，正是杏花开放的时节，所以称为"杏榜"。从甲第的角度亦称甲科甲榜。会试中式称为贡士，会试的第一名称为会元。

放榜之后，新贡士的朱、墨卷也要由皇帝选派大臣进行磨勘，新贡士要到礼部填写亲供并在殿廷复试。磨勘、复试均按乡试条例办理。磨勘、复试合格，就取得了参加殿试的资格，否则将视情

节的轻重被罚停殿试一科或一科以上直至除名。主考、同考和有
关人员也将受到不同的处分。下第的举人，可以继续参加以后的
会试，也可以通过拣选、大挑、截取等途径进入仕途。

八、清代的殿试

清代的殿试，和明代一样，是最高一级科举考试，由皇帝亲自主持。但在具体做法上，不仅和明代有许多不同，清代的前期、中期和后期，也是有所变化的。

对　　策

殿试，在会试之后举行。评阅试卷的官员称为读卷官。此外，还有提调、监试、受卷、收掌、弥封、印卷、巡绰、供给、写榜各官，分别负责有关殿试的各项工作。

清初，二月会试，三月发榜，四月初殿试。雍正五年(1727)和乾隆二年(1737)，都因为闰月的缘故，改于三月会试，四月发榜，五月殿试。乾隆十年(1745)，将三月会试著为定例，而五月的北京，"天气渐热"，不宜考试，将殿试日期定于四月二十六日。乾隆二十六年(1761)，又提前为四月二十一日，从此成为定制。在其他时间举行殿试，都是特殊情况，属于例外①。

殿试的地点，最初是在天安门外。顺治十五年(1658)，礼部以"临轩策士，大典攸关"，奏准"于太和殿前丹墀考试"②。如遇风雨，则试于太和殿的东西两庑③。雍正元年(1723)，举行恩科，于十月二十七日殿试。这时的北京，天气已寒，如果照例在丹墀对策，"恐砚池结冰，难以书写"，临时改在太和殿内两旁，并命总管太监，"多置火炉，使殿内和暖"④。从乾隆五十四年(1789)开始，就改为在保和殿殿内考试了⑤。

殿试的内容是经史时务策一道，从清初至清末相沿不变。每策包括三至五题。清初多为三题，约二三百字。康熙(1662—1722)以后，多为四题，有时为五题，约五六百字，甚至一千余字。策目问条，最初由内阁预拟。为了防止"漏泄揣摩"，乾隆二十一年(1756)改为读卷大臣于殿试前一日在文华殿直庐密拟。先呈标目八条，每条四字(后改二字)，由皇帝圈定四条，然后逐条撰拟，缄封呈阅(见图)。发下后，读卷官同赴内阁，在监试御史的监督下，内阁中书用黄纸书写。晚上，传集工匠，在内阁大堂刊刻印刷。护军统领带领护军校等在内阁门外严密稽查。殿试日凌晨印刷完毕，于试场行礼散发，诸贡士列班跪受，然后各就试桌对策⑥。

殿试试卷，用白宣纸裱成。前面是素页，备写履历三代，后面画红线界直，备写策文。另给草卷一本，尺寸比试卷略小，供对策时起草。试卷、草卷，都由礼部备办，于入场时唱名发给。

---

①③④⑤ 《钦定大清会典事例》卷三六一，《礼部》，《贡举》，《殿试》。

② 《清朝文献通考》卷四十七，《选举考》一。

⑥ 参阅《钦定大清会典事例》卷三六一，《礼部》，《贡举》，《殿试》。吴振棫：《养吉斋丛录》卷九。

殿试策题一

殿试策题二

殿试策题三

　　缮写殿试卷,有一定格式。第一开前半页写履历三代。对策部分,起用"臣对臣闻"。策冒或四行,或八行,都要切定策题本义立论,不得用广泛套语。全篇不得用四六颂联。或五行,或九行,抬写"皇帝陛下",其前一行"钦惟"二字,应核计字数,书写到底。至逐条分对处,用"伏读制策有曰"及"制策又以"等字。策末用"臣草茅新进,罔识忌讳,干冒宸严,不胜战栗陨越之至。臣谨对"。"干冒"二字,亦应核计字数,书写到底①。嘉庆(1796—1820)时,因宗室人员参加殿试,不宜用"草茅"二字,如果仅将宗室卷换易字样,又恐易于认识。从嘉庆八年(1743)开始,殿试策末就一律改用"末学新进"了②。贡士对策,不限字数,但不得少于一千字,"其不及一千字者,以不入式论"③。

　　殿试对策,以一日为限,不准给烛,亦不准携出补写。不能完卷者,列入三甲之末。交卷时,监试王大臣逐卷画押,以防抽换,净场后,汇送受卷官,点明转送弥封官,弥封后,收掌官用箱盛储送读卷官评阅。

读　　卷

　　殿试,是以皇帝的名义发策,所以评阅殿试卷称为读卷。读卷官的名额,顺治十五年(1658)定为十四人,于大学士、六部九卿中选派。乾隆二十五年(1761)减为八员,其中"钦简大学士二员,其余六员,照会试总裁之例,将应行开列人员具疏题请"④。

　　殿试的第二天,读卷官及监试王大臣等齐集文华殿内,收掌官

---

① 《钦定科场条例》卷五十五,《殿试读卷》。

②③④ 《钦定大清会典事例》卷三六一,《礼部》,《贡举》,《殿试》。

取试卷出箱,摊置案上,先取一束,按官阶依次分布于读卷官面前,分尽再取,分毕为止。每人分卷多少,视本科参加殿试人数多少而定。评阅试卷,照例不得回寓。但是,在乾隆二十五年(1761)以前,读卷官都各觅公所,分散住宿。地非锁院,人得自由,迟至三五日始行进呈。这种自由散漫的现象,引起了乾隆的不满。从这年开始,改为读卷大臣俱在文华殿阅卷,并与监试王大臣、科道、收掌等官一同在文华殿两廊及传心殿之前后房间住宿,限两日内评阅完毕①。

评阅试卷,照理说应是文重于字,但是,"向来读卷诸臣,率多偏重书法,而于策文,则惟取其中无疵颣,不碍充选而已"②。乾隆认为,这种做法,不符合"射策决科本义",1761年,经大学士、九卿等议定,以后评定试卷,除"条对精详,楷法庄雅者"应列入上等外,那些"缮写不能甚工,而援据典确,晓畅时务"者,也应列入上等,至于"敷衍成文,全无根据,即书法可观,亦不得充选"③。但是,阅卷诸臣,"学问弇陋者居多,本无鉴衡之真"④,评定内容的高下,对他们来讲,不能不是一个难题。所以,上述标准虽然载入《钦定科场条例》,但是,在阅卷的时候,读卷官们仍然是重书法而轻对策。道光(1821—1850)以后,更是变本加厉。"殿廷考试,专尚楷法,不复论策论之优劣。而读卷诸公,评骘楷法,又苛求之于点画之间。遂至一画之长短,一点之肥瘦,无不寻瑕索垢,评第妍媸。"⑤这样,殿试对策就不是考贡士的政治才能,而是单纯的考试书法了。

清初评阅试卷,在卷后戳印读卷官官衔和姓名,后改为在卷背

---

① ② ③ 《钦定大清会典事例》卷三六一,《礼部》,《贡举》,《殿试》。

④ 傅增湘:《清代殿试考略》。

⑤ 陈康祺:《燕下乡脞录》卷十一。

粘贴浮签,上书读卷官之姓而不书名,阅卷后,下加标识,或记其瑕疵数字。因为浮签可以移换,易滋弊窦。乾隆五十二年(1787),改为在卷后弥封之外,列读卷八人之姓,"就卷标识,不用浮签"[①]。嘉庆十九年(1814),因殿试各卷,读卷官记认圈点并无一定之处,副都御史曹师曾奏准:殿试各卷,读卷官圈点"均于策尾空幅背面记认,以昭画一"[②]。此后,将读卷官八人姓氏戳印于卷尾空幅背面,下加标识。

清代的读卷标识,有○、△、、、丨、×(即圈、尖、点、直、叉)五种,代表五个不同的等级,类似我们今天的五级记分法。在评卷过程中,读卷官之间往往产生分歧。乾隆认为,读卷官对同一试卷有不同的看法是正常的。但是,这种差异,只能是上等与中等,中等与下等,而不能相差太远。如果相差太远,就一定是"各存成见,有高下其手之弊"。为了使读卷官们"不敢稍以私意抑扬",1761年,他下了一道上谕,令从本科开始,殿试揭晓之后,另派大臣察看试卷,"如有标识悬绝者,即行拣明进呈候旨"[③]。从此以后,第一阅者用圈,则后阅者不用点,第一阅者用直,则后阅者不用尖。所谓圈不见点,尖不见直。否则,就要因"标识悬绝"而受到处分。

阅卷时,先阅本人分得之卷,在自己的姓下标识优劣,然后轮阅别人分得的试卷,就各桌互看,称为"转桌"。阅后,也在自己的姓下加以标识。最后总核,多推首席担任,各人参加意见。名列前茅的,一定是八人皆圈,如有加尖加点的,名次一定在后。策中语言不妥,字体讹误,在旁边粘贴黄签,不批在卷上,以示等候皇帝

---

① ③ 《钦定大清会典事例》卷三六一,《礼部》,《贡举》,《殿试》。

② 《钦定科场条例》卷五十五,《殿试读卷》。

亲阅①。

根据《大清会典》的记载,顺治十五年(1658)规定:殿试后第三天的早晨,皇帝要在中和殿听读卷官读卷,并亲定第一甲第一、二、三名。后来,读卷典礼不再举行,读卷就仅存虚名了。

康熙二十四年(1685),以前十卷进呈,由皇帝亲定名次。卷上粘贴黄签,书拟第一名至第十名。皇帝看后,时有改动。例如:康熙二十七年(1688)戊辰科殿试,贡士凌绍雯对策用满、汉两种文字书写,进呈后,改置二甲末。乾隆二十六年(1761),将军兆惠从西北凯旋回京,乾隆派他参加辛巳科殿试读卷,兆惠说他不习汉文,乾隆对他说:"诸臣各有圈点为记,但圈多者即佳。"兆惠果用数圈法,其中一卷独九圈,其余或八或五,于是以此卷为第一卷进呈。拆封后,此卷为江南赵翼,第二名是江南胡高望,第三名是陕西王杰。乾隆为了表示他对西北地区的重视,将赵翼改为第三,王杰成了这一科的状元②。

皇帝亲定进呈十卷的甲第名次之后,读卷大臣将原卷捧至红本房,前三卷填写一甲第几名,后七卷填写二甲第几名。随至内阁将其余各卷依次书写,拆弥封交填榜官填榜。榜用黄纸,表里二层,称为金榜。中书四人写小金榜,四人写大金榜。小金榜交奏事处进呈,大金榜由内阁学士捧至乾清门钤盖"皇帝之宝",于传胪日张挂。

金殿传胪及其他

传胪,于读卷后一日举行,典礼非常隆重。这天清晨,銮仪卫

---

① 商衍鎏:《清代科举考试述录》第三章,《进士及关于进士系内之各种考试》。

② 赵翼:《檐曝杂记》卷二,《辛巳殿试》。

设卤簿法驾于太和殿前，乐部和声署设中和韶乐于太和殿檐下两旁，设丹陛大乐于太和门内两旁。王以下，入八分公以上在丹陛上，文武各官在丹墀内，都身穿朝服，按品级排立。诸贡士穿公服，戴三枝九叶顶冠，按名次排立在文武各官东西班次之后。礼部鸿胪寺官设黄案一于太和殿内东旁，又设黄案一于丹陛正中，设云盘于丹陛下，设彩亭于午门外。内阁学士具朝服，捧黄榜安设于太和殿内东旁黄案上。届时，礼部堂官诣乾清门奏请皇帝具礼服出宫。午门鸣钟鼓，礼部堂官在前引路。皇帝进入太和殿，中和韶乐奏《隆平之章》。皇帝升座，乐止。銮仪卫官赞："鸣鞭。"阶下三鸣鞭。鸣赞官赞："排班。"丹陛大乐奏《庆平之章》。鸿胪寺官引读卷官、执事官按次序排立。鸣赞官赞："进。"赞："跪、叩、兴。"读卷官、执事官行三跪九叩礼。礼毕，乐止。内阁大学士一人自黄案捧榜至太和殿檐下，授礼部堂官，礼部堂官跪接，由中阶左侧下，置于丹陛正中所设黄案榜架上，跪，行三叩礼，退立东侧。鸣赞官赞："排班。"丹陛大乐奏《庆平之章》。鸿胪寺官分引诸贡士至行礼处按次序排立。鸣赞官赞："有《制》，跪。"诸贡士皆跪，乐暂止。鸿胪寺官立于丹陛东旁宣《制》："某年月日，策试天下贡士，第一甲赐进士及第，第二甲赐进士出身，第三甲赐同进士出身。"宣《制》毕，唱第一甲第一名姓名，鸿胪寺官引状元出班就御道左跪。唱第一甲第二名姓名，鸿胪寺官引榜眼出班，就御道右稍后跪。唱一甲第三名姓名，鸿胪寺官引探花出班，就御道左又后跪。一甲三人姓名，都传唱三次。唱第二甲第一名某人等若干名，唱第三甲第一名某人等若干名，都只唱一次，不引出班。唱毕，丹陛大乐奏《庆平之章》。鸣赞官赞："诸进士行三跪九叩礼。"礼毕，退至原立处排立。乐止。鸣赞官赞："举榜。"礼部堂官进至榜案前，北面跪，起立，捧榜，从

中阶下,仪制司官用云盘承榜,黄伞前导,由中路出太和门、午门中门,礼部堂官及一甲进士三名随榜出,鸿胪寺官引诸进士左出昭德门,右出贞度门。銮仪卫官赞:"鸣鞭。"阶下三鸣鞭。中和韶乐奏《显平之章》。皇帝还宫,王公百官皆出。捧榜官捧黄榜至午门前,连云盘跪置彩亭内,行三叩礼。校尉举亭,御仗鼓乐前导,至东长安门外张挂。状元率诸进士等随出观榜。顺天府备伞盖仪从送状元归第。所有金榜,于东长安门外张挂三日后,照例恭缴内阁①。

传胪后第三天,赐新进士宴于礼部,称为恩荣宴。因为宋太平兴国八年(983)赐新进士宴于琼林苑,所以又称琼林宴。清代前期,颇为隆重,到了后期,就简陋不堪了。

传胪后,状元率诸进士上表谢恩,并择日诣先师孔子庙行释莱礼,易顶服。礼部题请工部给建碑银一百两,交国子监立石题名。这些题名碑,今天还完整地保存在北京首都博物馆里。

传胪后,新进士还要在保和殿参加朝考,内容是论、疏、诗各一道,试题由皇帝亲命,当日交卷。朝考试卷,由阅卷大臣拟定一、二、三等进呈,前十卷的名次,亦由皇帝亲定。一等第一名称为"朝元"。按照清代的规定,一甲三名在殿试揭晓后立即授职,状元授翰林院修撰,榜眼、探花授翰林院编修。其他进士,则按复试、殿试、朝考三次所得等第的数字,分别授以庶吉士、主事、中书、行人、评事、博士、推官、知州、知县。至于在殿试朝考时文字谬误或犯规的进士,则以知县归班,不予分发。进士,是科举的终点,也是仕途的起点。在清代的政治舞台上,许多飞黄腾达的人物,都是由进士出身的,即使不做官,进士也有很高的社会地位。《儒林外史》第十

---

① 参阅《钦定大清会典事例》卷三六一,《礼部》,《贡举》,《殿试》。《钦定科场条例》卷五十六,《传胪谢恩》。

一回,鲁小姐说:"母亲,自古及今,几曾看见不曾中进士的人可以叫做名士的？"在科举时代,进士被人重视,原因就在于此。

九、入仕的敲门砖

　　清初科举,沿袭了明代的制度,以八股文为考试的主要内容。顺治三年(1646)规定:乡、会试第一场:《四书》文三篇,《五经》文各四篇,士子各占一经。第二场:论一篇,诏、诰、表各一通,判五条。第三场:经史时务策一道。为了表示对八股文的重视,顺治十五年(1658)戊戌科会试,由皇帝亲定第一场《四书》文题目。康熙二年(1663),以"八股文章,实于政事无涉",下令停止,以策论表判取士。康熙七年(1668)又恢复旧制。康熙二十四年(1685),给事中杨尔淑奏准,会试和顺天乡试《四书》文题目,都由皇帝钦定。当时,"名为三场并试,实则首场为重,首场又以《四书》艺为重"①。乾隆二十一年(1756),将考试内容作了调整。乡试第一场,《四书》文三篇,第二场,经文四篇,第三场,策五道。会试则于第二场经文之外加试表文一道。明年会试,将表文一道改为试帖诗一首。从乾隆二

――――――――――

　　① 《清史稿》卷一〇八,《选举志》三。

十四年(1759)开始,乡试第二场经文之外,也加一首试帖诗。会试和顺天乡试的诗题和《四书》文题目一样由皇帝钦命。乾隆四十七年(1762),将试帖诗移置头场,并明确规定:"若头场诗文既不中选,则二、三场虽经文策问间有可取,亦不准复为呈荐。"① 因为"乡、会两闱,乃国家抡才大典"②。八股文和试帖诗是否合格,又是这两次考试能否被录取的关键。此外,童试、岁试、科试、复试以至殿试之后的朝考,都要用八股文和试帖诗。我们讲清代科举,就不能不讲八股文和试帖诗了。

八 股 文

八股文,是明、清两代用于科举考试的一种特殊文体,称为制义,又称制艺,时文,八比文。这种文体,"专取《四子书》及《易》、《书》、《诗》、《春秋》、《礼记》五经命题"③。由于题目的来源不同,分别被称为《四书》文和《五经》文。它的出现,虽然是在明代,它的形成,却经历了一个漫长的时期。

唐代科举,以进士和明经为重要科目。进士试诗赋,明经试帖经、墨义。帖经,类似今天的填充题。墨义,类似今天的问答题,但是,这种问答题,只要求考生默写经书中有关的正文或注释,经书的大义,并不在考试范围之内。所以,在唐代明经科出身的人最多,而它在人们心目中的地位却远不如进士科。开成四年(839),唐文宗在和宰相谈话时问道:"明经会经义否?"宰相回答说:"明经

① 《钦定大清会典事例》卷三三一,《礼部》,《贡举》,《命题规制》。

② 同上书卷三四一,《礼部》,《贡举》,《整肃场规》。

③ 《明史》卷七〇,《选举志》二。

只念经疏，不会经义。"文宗说："只念经疏，何异鹦鹉能言！"[1]把明经和能言的鹦鹉相提并论，他们在这位皇帝心目中的地位就可想而知了。

宋初，继承了唐代的制度，仍然以诗赋、帖经、墨义作为进士和明经诸科考试的内容。熙宁四年（1071），王安石对科举制度进行改革，罢明经诸科，进士科的考试也不再用诗赋、帖经、墨义。士各选治《易》、《诗》、《书》、《周礼》、《礼记》一经，兼《论语》、《孟子》。每试四场：初本经，次兼经大义凡十道，次论一首，次策三道。并拟定大义的格式颁行全国。"试义者，须通经，有文采，乃为中格，不但如明经墨义粗解章句而已"[2]。大义，亦称经义。王安石罢相之后，他倡导的许多新政都被废除，科举制度也有改变，这种科举考试的新文体却被保存下来。所以，人们在谈到八股文的时候，往往把王安石作为它的创始人了。但是，王安石时代的经义还与论体相仿，和后来的八股文有很大的不同。徽宗时，出现了"专尚俪偶"的风气，"虽无两意，必欲厘而为二，以就对偶"[3]。到了南宋，经义已有一定格律。有破题，有接题，有小讲，有缴结：总称冒子。然后入官题，官题之下有原题，有大讲，有余意，有原经，有结尾[4]。而杨万里、汪立信等人的经义，已有四股、六股、八股等作法了。

元仁宗皇庆二年（1313），酌定科举条制。蒙古色目人：第一场经问五条，《大学》、《论语》、《孟子》、《中庸》内设问，用朱熹《章句集注》。中选的标准是："义理精明，文辞典雅。"汉人、南人：第一场明经经疑二问，《大学》、《论语》、《孟子》、《中庸》内出题，并用朱熹《章

① 《册府元龟》卷四十六，《帝王部》，《智识》。

②③ 《宋史》卷一五五，《选举志》一。

④ 倪士毅：《作义要诀序》。

句集注》，复以己意结之，限三百字以上。经义一道，各治一经。《诗》以朱熹《集传》为主，《尚书》以蔡沈《传》为主，《周易》以程颐《传》、朱熹《本义》为主。以上三经，兼用古注疏。《春秋》用《左传》、《公羊传》、《穀梁传》及胡安国《传》，《礼记》用古注疏。限五百字以上①。经疑的特点是"设为疑事以问之，以观其学识"，经义则"不过得之记诵"②，人云亦云。这时的经义，虽不拘格律，但是，"亦当分冒题、原题、讲题、结题四段"③。而经问、经疑、经义在《四书》、《五经》内出题并以朱熹等人的注释为主，就和明清八股文的要求一样了。

明初科举，兼用经疑。洪武三年(1370)八月，京师及各省举行乡试，初场《四书》疑，问本经义及《四书》义各一道。洪武十七年(1384)颁科举成式。第一场试《四书》义三道，经义四道。《四书》义限二百字以上，经义限三百字以上。此后就不用经疑而专用经义。但是，在英宗以前，"经义之文，不过敷演传注，或对或散，初无定式"④。成化以后，经义形式发生了一个大的变化。成化二十三年(1487)，会试试题《乐天者保天下》，起讲先提三句，即讲"乐天"四股，中间过接四句，复讲"保天下"四股，复收四句，再作大结。弘治九年(1496)，会试试题《责难于君谓之恭》，起讲先提三句，即讲"责难于君"四股，中间过接二句，复讲"谓之恭"四股，复收二句，再作大结。每四股之中，一反一正，一虚一实，一浅一深。如题为两扇，则每扇各讲四股，作法和上述二题相同。如是长题，则不拘此

① 《元史》卷八一，《选举志》一。

② 顾炎武：《日知录》卷一六，《科举》，《经义策论》。

③ 倪士毅：《作义要诀序》。

④ 顾炎武：《日知录》卷一六，《科举》，《试文格式》。

格①。作为科举考试的特殊文体八股文就趋于完备了。

八股格式，八股文的开头二句，称为破题。它的作用是将题目的意义破开。重在扼题之旨，肖题之神，不侵上，不犯下，不将本题的意思遗漏，也不将本题的字眼全部写出。可以明破，也可以暗破、顺破、分破、对破。破长题贵简括，破搭题贵浑融，破大题贵冠冕，破小题贵灵巧。题目不同，破题的方法亦异。破题之后为承题。承是接的意思。因为破题的文字简练含蓄，所以将破题中的紧要字样承接下来。正破则反承，反破则正承，顺破则逆承，逆破则顺承，余可类推。总要语言明快，意义连贯。破题于圣贤诸人须用代字，例如尧、舜称帝，孔子称圣人。承题则直称尧、舜、孔子，不再避忌。破题和承题，虽然文字不多，却非常重要。《红楼梦》第八十四回，贾政查阅宝玉的《窗课》，即塾中习作的八股文，只对三篇文章的破题和承题进行评论，就因为它们揭示了全文主旨的缘故。

承题之后，最初还要说明圣贤为什么要讲这样的话，称为原题。后来将原题减去，承题后即入口气，称为起讲。因为八股文要"代圣贤立言"，也就是说作者必须把自己作为圣贤的代言人，所以起讲通常用"意谓"、"若曰"、"以为"、"且夫"、"尝思"等字开头。明代八股文，起讲简短，仅三四句。清代较长，约十句上下。起讲的作法很多，有的用起、承、转、合，有的用反、正、开、合，有的反起正收，有的正起反收，有的单行中仍用排句，有的则全系散行，不用对偶。而总括全题，笼罩全局，则是对起讲的基本要求。起讲后，用一二句或三四句引入本题，称为领题。领题之后，就是文章的主要部分了。

---

① 顾炎武：《日知录》卷一六，《科举》，《试文格式》。

　　八股文的主要部分,是起股、中股、后股、束股四个段落。这四个段落中,各有两股。两股的文字繁简、声调缓急,都要相对成文。合共八股。八股文这一名称就是由此而来的。起股一称起比,比也是对偶的意思。每股或四五句,或七八句,总就题前着笔,提起全篇之势,所以又称提比。起股后用一二句或三四句将全题点出,称为出题。出题之后为中股。中股一称中比,长短不拘,可以略长于提比,也可以短于提比,从正反两面发挥题义。如果出题未将全题点出,中股之后仍应有出题将全题点出,如出题已将全题点出,则此处不必再用出题。后股一称后比,长短也没有一定,大约中股长则后股短,中股短则后股长。这是题的最后位置,可向题旨立意实处畅发无遗。束股的作用是前六股意有未尽,再用两股加以收束。束股的文字,宜短不宜长,有的文章甚至不用束股,全篇只有六股。

　　明代的八股文,篇末用大结,汉唐以下之事,都可借题立论。明中叶以后,考生往往在大结中暗藏关节。康熙二十六年(1687),悬为厉禁,以后就不再用大结了。八股文的最后部分,用一二句结束全篇,题目有下文的称为落下,没有下文的称为收结。

　　时文称为八股文,所以以八股为正格,六股亦为正格。此外有十股、十二股、十四股以至十六股、十八股,也有双扇题作两大股,三扇题作三大股,四扇题作四大股,五扇题作五大股,单句题作两大股、三大股的情况。但是,破题、承题、起讲、领题、落下等仍按八股格式,不能改变。

　　清代八股文,顺治二年(1645)规定,每篇限五百五十字,康熙二十年(1681),增为六百五十字,乾隆四十三年(1704),又增至每篇七百字,违者不录。此后成为定制。

　　文章的内容和形式是一个统一体。一定的内容，要求一定的形式，一定的形式，又只能适应一定的内容。明、清统治者却要求应试的人们将千差万别的内容塞进八股文这一固定的格式之中。于是，有人将《伯夷叔齐》这样的题目写成伯二股，夷二股，叔二股，齐二股①。有的考生则写出了"天地乃宇宙之乾坤，吾心实中怀之在抱。久矣乎，千百年来已非一日矣"之类的滥调②。不是肢解题意，就是废话连篇。为了防止考生抄袭，考官们往往用"牵上连下，毫无义理"的截搭题进行考试，那样的文章，更是牵强附会，成为文字游戏了。《红楼梦》中的贾宝玉在谈到八股文时说："这原非圣贤之制撰，焉能阐发圣贤之奥，不过是后人饵名钓禄之阶。"这个批评，是非常中肯的。

　　明、清两代，八股文是知识分子的必修课，称为"举业"。八股文章，真是汗牛充栋，多不胜计。但是，在人们心目中，它不过是"得第则舍之矣"的"敲门砖"③。乾隆年间，纪昀编纂《四库全书》的时候，仅收入方苞奉命选编的《钦定四书文》四十一卷，作为"士林之标准"，其余的时文选本，"悉斥不录"④。随着科举制度的消亡，八股文也就无人问津了。

试 帖 诗

　　试律始于唐代，乾隆年间用以考试，仍称唐律。而一般人则称

①　梁绍壬：《两般秋雨盦随笔》卷一，《伯夷叔齐》。
②　梁绍壬：《两般秋雨盦随笔》卷三，《墨派滥调》。
③　冯班：《钝吟杂录》卷一。
④　《四库全书总目提要》卷三八，《钦定四书文》。

之为试帖诗。

试帖诗的特点是按题做诗。唐代诗题,不一定有出处,考官可以己意出题,考生有不清楚的地方,允许提问,称为上请。宋初也是如此。仁宗景祐年间(1034),才有了必须在经史中出题,禁止考生上请的规定。后来又将命题的范围扩大到古人的诗句。清代命题,必有出处,或用经、史、子、集,或用前人诗句。考生作诗的时候,必须了解诗题的出处,写出的诗篇,才不致违背题意题情。乾隆某科会试,以颜延之诗"天临海镜"句为题,原诗的意思是"人君在上,如天之临,如海之镜"。许多人却误认为月光,只有十六人知道题目的出处,全部被录取①。咸丰时,吴保泰任广东学政,以《孟子》书中"冯妇攘臂下车"命题,冯妇本是一个善于搏虎的勇士,一位考生却误认为妇女。他在诗的第三联中写道:"玉手纤纤出,金莲步步行。"吴保泰大怒,将他立即除名②。

唐代试律,一般为六韵,四韵、八韵的都很少。清代乡、会试用五言八韵,童试用五言六韵,岁考、科考、复试、朝考均用五言八韵。限用之韵,称为官韵。官韵只限一韵,在题旁注明"得某字"。其结构和作法,大致和八股文相同。首联名破题,次联名承题,三联如起股,四、五联如中股,六、七联如后股,结联如束股。首联和次联,必须将题目字眼全部点出,如果题字太多,不能全部点出,则将紧要字眼点明,务使题义了然。三联领起,四、五、六、七联或实作正面,或阐发题意,或用开合,或从题外推开,或在本题映切。结联或勒住本题,或放开一步,本题未点之字,也可在此联补点。全章之法,由浅入深,由虚及实,有纵有擒,有宾有主,相题立局,不可

---

① 倪鸿:《试律新话》卷一。

② 同上书卷三。

凌乱。毛奇龄认为，八股文源于唐代试律①，梁章钜则说"今之作八韵试律者，必以八股之法行之"②，都讲得很有道理。但是，试帖诗结联往往用颂扬语，遇冠冕题甚至有全篇都是颂扬的。颂扬语必须抬写，或单抬，或双抬，都有明确规定。但是，颂扬必须从本题出发，不可与题目毫无关系。同时，作为一首律诗，它也像其他律诗一样讲求对仗、用典，不得失粘、出韵等等，在这些方面，它和八股文又有所不同。

　　试帖诗多应制之作，必须庄重典雅，切忌纤佻浮艳。乾隆三十年（1765）乙酉科会试，诗题为《草色遥看近却无》。福州的一位举人，八股文已经合格，只因诗中有"一鞭残照里"之句，主考官说他语用《西厢记》，被取消了录取资格③。咸丰五年（1855），湖南补行乡试，诗题为《山衔好月来》，一位考生的八股文已经合格，也因诗中有"平远山如画，温柔月恋乡"。主考官认为语近"香奁体"，也没有录取④。至于美人、红粉、风流、狐鬼、骷髅、破败、斩杀、死亡等不庄不吉的字样，更是使用不得。条例之严，避忌之多，是其他诗歌所没有的。这样的诗篇，也和八股文一样，不论在思想内容和艺术形式方面都毫不足取，它只不过是当时的知识分子进入仕途的一块"敲门砖"罢了。

---

① 梁章钜:《制义丛话》卷一。
② 同上书卷二。
③ 倪鸿:《试律新话》卷四。
④ 同上。

十、清代的制科

制科开始于唐代,在常科之外由皇帝特诏举行。宋代的制科,也是如此。但是,自从王安石罢明经诸科之后,常科科目就仅有一个进士科。至于制科,元、明两代都没有举行。于是有人以进士科为制科,以八股文为制举文,将"天子亲诏以待异等之才"的制科①,与定期举行的常科混为一谈了。

在清代,由皇帝特诏举行的有博学鸿词科、经济特科、孝廉方正科、保举经学和巡幸召试。但是,孝廉方正科仅在皇帝即位之年举行,重在品德。保举经学和巡幸召试,既未设科,又是在个别地区或特定范围内偶一行之。人们常常谈到的清代制科,只不过康熙、乾隆年间的博学鸿词科和光绪年间的经济特科而已。

宽厚优遇的己未词科

1644 年,清王朝建立之后,为了笼络知识分子,消除广大人民

---

① 《清史稿》卷一〇九,《选举志》四。

对满洲贵族的反抗情绪,从顺治二年(1645)开始,实行科举取士。这一措施,取得了显著的效果。许多原来对清政权采取观望态度、称病隐居的知识分子纷纷报名应考,出现了"一队夷齐下首阳"的局面[1]。明末四公子之一的侯方域,也在顺治八年(1651)参加河南乡试,中了副榜[2]。但是,常科考试对于那些"学问淹通,文藻瑰丽"的"奇才硕彦"是没有吸引力的。为了进一步网罗人才,收拾民心,清统治者不得不在常科之外开设制科。1678年,康熙在关于开设博学鸿词科的上谕中说:"自古一代之兴,必有博学鸿儒振起文运,阐发经史,润色词章,以备著作之选。朕万几余暇,游心文翰,思得博洽之士,用资典学。""凡有学行兼优,文词卓越之人,不论已仕未仕,在京三品以上及科道官员,在外督抚布按,各举所知,朕将亲试录用。其余内外各官,果有真知灼见,在内开送吏部,在外开报督抚,代为题荐。务令虚公延访,期得真才,以副朕求贤右文之意。"[3]诏下之后,内外官员共荐举一百八十六人,陆续到京。因为有的被荐人员生活困难,康熙令户部"酌量给与食用"。从康熙十七年(1678)十一月初一日起,除京城现任官员外,其他人员每月发给俸银三两,米三斗,至考试后停止[4]。

康熙十八年(1679)三月初一日,在体仁阁进行考试,参加考试的共一百四十三人。试题为《璇玑玉衡赋》并《序》,《省耕诗》五言排律二十韵。在这次考试之前,殿试进士,照例是站着对策。为了

---

① 褚稼轩:《坚瓠集》五集,卷三。

② 胡介祉:《侯朝宗先生传》,《壮悔堂文集》卷首。

③ 《清朝文献通考》卷四八,《选举考》二。

④ 李集:《鹤徵录》卷首。

表示对被荐人员的优待,"用矮桌列墀下坐地作文"①。已牌时分,又传旨赐宴。体仁阁内设高桌五十张,每张设四高椅,肴馔极为丰盛,并由一、二品大员四人出席作陪。廷试赐宴,不仅在清代,在科举史上也是创举。宴毕,继续考试。日暮未能完卷的都赐给蜡烛。全部交卷之后,分作四包,当夜进呈。

三月十五日,康熙将试卷发出,命大学士李霨、杜立德、冯溥,翰林院掌院学士叶方蔼阅卷。十六日阅毕,十七日呈缴。照前代制科分等第,进士科分为上上、上、中、下四等。后来,又将上上改为一等,上、中、下改为二、三、四等。

在阅卷过程中,尽量放宽尺度。朱彝尊的《省耕诗》有"杏花红似火,菖叶小于钗"之句,康熙虽然提出"菖叶安得似钗?"阅卷官们也认为"此句不甚佳"。但是,康熙最后的意见还是"斯人固老名士,姑略之"。将他列入一等②。施闰章的《省耕诗》,不仅将押韵的"旗"字误写为"旂",还在诗的结句用了"清夷"二字。"夷",有"平"的意思,"清夷"也就是"清平"。但是,"夷"在古代,又是对少数民族的一种侮辱性的称呼。把清王朝的"清"字和"夷"字连在一起,这就容易使人误解。所以,阅卷官中,多数人不主张录取,李霨力争说:"有卷如此,何忍以二字弃置,此不过言太平耳,倘奉诘查,吾当独任之。"这样,才将他列入二等③。无锡的严绳孙,被迫应试。考试这一天,他只作了一首《省耕诗》就交卷出场了。阅卷官将他列入三等,进呈后,康熙将他改为二等,并对阅卷官们说:"史局不

---

① 毛奇龄:《制科杂录》。

② 全祖望:《词科摭言》。

③ 施闰章:《己未示子札》。

可无此人。诸臣独不闻唐祖咏'南山阴岭秀'二十字入选乎？"①

经过反复斟酌，录取了一等彭孙遹等二十人，二等李来泰等三十人。三、四等俱报罢。一、二等人员俱授为翰林官。以光禄少卿邵吴远为侍读，道员、郎中汤斌等四人为侍讲，进士出身之主事、中书、行人、评事、博士、内阁典籍、知县及未仕之进士彭孙遹等十八人为编修，举、贡出身之推事、知县、教职、革职之检讨、知县及未仕之举、贡、荫、监、布衣倪灿等二十七人为检讨。俱入史馆，纂修《明史》。其中李因笃、朱彝尊、潘耒、严绳孙等以布衣入选，称为"四大布衣"。杜越、傅山、王方毂等或因告病，或因年老，没有参加考试。因为他们"文学素著"，俱授内阁中书，许其回籍。

这次制科，的确网罗了不少人才，其政治影响，更是不容忽视。按照中国古代纪年的方法，这一年是己未，所以，这次博学鸿词科一称己未词科。

吹毛求疵的丙辰词科

康熙十八年（1679）召试博学鸿词科之后，五十多年中不再举行。雍正认为"数十年来，馆阁词林储材虽广，而宏通博雅、淹贯古今者未尝广为搜罗"②。为了延揽"卓越淹通之士"③，雍正十一年（1733）又一次诏开博学鸿词科。诏书中说："除现任翰詹官员无庸再应荐举外，其他已仕未仕之人，在京着满汉三品以上各举所知，汇送内阁，在外着督、抚会同该学政悉心体访，遴选考验，保题送部，转交内阁，务期虚公详慎，搜拔真才，朕将临轩亲试，优加录

---

① 秦瀛：《己未词科录》卷一〇，《丛话》二。
②③ 李富孙：《鹤徵后录》卷首。

用。"①但是,诏下之后,时间将近两年,而外省之奏荐者寥寥无几,人才众多的江、浙两省,竟一个人也没有举荐。雍正非常恼火,诏责诸臣"观望迟回,任意延缓"②。十三年(1735)八月,雍正逝世,乾隆即位之后,又于十一月谕令京内大臣及各省督抚"悉心延访,速行保荐,定于一年之内,齐集京师,候旨廷试"③。

乾隆元年(1736)二月,京内大臣及各省督抚已保举一百余人,因为没有全部到京,不便进行考试。先到北京的未免旅食艰难。乾隆仿效康熙的做法,从这年三月开始,除现任在京食俸者外,每人每月给银四两,由户部按名发给。同时行文各省,令未到之人俱于九月以前到京,如果没有续举之人,亦即报部知之,以免久待。

根据御史吴元安的建议,吏部议准,这次考试,定为两场,诗、赋之外,增试策论。九月,召试一百七十六人于保和殿,照例赐宴。钦命试题。第一场,赋、诗、论各一。题目为:《五六天地之中合赋》,以"敬授民时,圣人所先"为韵。《赋得山鸡舞镜》"得山字",七言排律十二韵。《黄钟为万事根本论》。第二场,试经、史制策各一。命大学士鄂尔泰、张廷玉,吏部侍郎邵基阅卷。取一等刘纶等五人,均授翰林院编修。二等十人,由科甲出身之陈兆崙等五人,均授翰林院检讨;未中举人之杨度汪等五人,均授翰林院庶吉士。乾隆二年(1737)七月,补试续到者二十六人于体仁阁。第一场,试制策二。第二场,试赋、诗、论各一。题目为:《指佞草赋》以"生于尧阶、有佞必指"为韵。《赋得良玉比君子》"得来字"七言排律十二韵。《复见天心论》。命大学士张廷玉、孙嘉淦阅卷。取一等万松龄一人,授检讨。二等三人,张汉授检讨,朱荃、洪世泽授庶吉士。

①②③ 杭世骏:《词科掌录》,《上谕》。

这次制科,从雍正十一年(1733)四月初八日下诏,到乾隆二年(1737)七月十五日万松龄等补试人员授职,历时四年多,内外所举共二百六十七人。从应举的人数讲,比康熙时还多。但是,康熙时录取了五十人,约占应试人数的三分之一。这次一共录取了二十人,和应试的人数相比,不过十分之一。在落第的人中,有淹通经史的桑调元、顾栋高、程廷祚、沈彤、牛运震、沈炳震,擅长文章诗赋的厉鹗、沈德潜、胡天游、刘大櫆、袁枚等,沈德潜的落选,是因为"失写题中字"[①],而厉鹗的落选则是因为把论写在诗的前面了[②]。所以,这次博学鸿词和康熙时相比就不免逊色。因为举行的时间是在丙辰年,一称丙辰词科。

不景气的经济特科

1895 年,清政府在甲午战争中被日本战败之后,帝国主义掀起了一个瓜分中国的狂潮,民族危机空前严重。在变法维新思潮的影响下,大学士翁同龢亦深感"当此时变,不能不破格求才"[③]。光绪二十三年(1897),贵州学政严修奏请仿照从前博学鸿词科之例开经济特科,经总理各国事务衙门会同礼部议定章程六条。光绪二十四年(1898)正月初六日,谕令三品以上京堂及督抚学政,如有平素所深知者,出具切实考语,陆续咨送,俟咨送人数汇齐至百人以上,即可奏请定期举行特科。这年八月,慈禧太后发动政变,一切新政都被废除,经济特科也被说成"易滋流弊"而停止。光绪

---

① 李富孙:《鹤徵后录》卷一二,《杂缀》。

② 杭世骏:《词科掌录》卷二。

③ 梁启超:《戊戌政变记》第一篇,《改革实情》。

二十六年(1900),八国联军攻陷北京,慈禧仓皇出逃,由奕劻、李鸿章出面,和帝国主义签订了出卖国家民族利益的《辛丑条约》。为了欺骗人民,这个扼杀了戊戌维新运动的慈禧竟然也要实行新政了。光绪二十七年(1901)四月十七日,她以自己的名义发布懿旨说:"为政之道,首在得人。况值时局阽危,尤应破格求才,以资治理。允宜敬遵成宪,照博学鸿词科例开经济特科,于本届会试前举行。""其有志虑忠纯,规模宏远,学问淹通,洞达中外时务者,着各部院堂官及各省督抚、学政出具考语,即行保荐。并着政务处大臣拟定考试章程,先期请旨办理。"①到了光绪二十九年(1903),内外大臣保奏者已达三百七十余人。按照政务处议定的章程,在保和殿进行考试。考试共两场,第一场为正场,第二场为复试,均试论一篇,策一道。正场被录取之后,才能参加第二场的复试。闰五月十六日,试于保和殿,参加考试的有一百八十六人。试题为:《大戴礼:"保保其身体,傅傅之德义,师导之教训。"与近世各国学校体育、德育、智育同义论》,《汉武帝造白金为币,分为三品,当钱多少,各有定值;其后白金渐贱,钱制亦屡更,竟未通行,宜用何术整齐之策》。派张之洞、裕德、徐会沣、张英麟、戴鸿慈、李昭炜、张仁黼、熙瑛八人为阅卷大臣。二十一日奉谕:拟定一等之梁士诒等四十八名,二等之桂坫等七十九名,准予复试。备取五十九名报罢。二十七日,在保和殿复试。试题为:《周礼农工商诸政各有专官论》、《桓宽言外国之物内流而利不外泄,则国用饶,民用给。今欲异物内流而利不外泄,其道何由策》。派荣庆、张之洞、葛宝华、张英麟、陈邦瑞、戴鸿慈、李昭炜、郭曾炘八人阅卷。取一等袁家毂等九人,二等

冯善征等十八人。正场录取的人中,有一百人被淘汰。正场一等的前五名,仅录取了张一麐一人,梁士诒、杨度、李熙、宋育仁等均未入选。因为试卷进呈后,慈禧怀疑梁士诒与梁启超同族,杨度是湖南师范生,怀疑他与唐才常同党,所以都被取消了录取资格。后来,被录取人员授官,京职、外任,仅就原阶略予升叙,举人、贡生用知县、州佐。他们所受的待遇,和康熙、乾隆时的博学鸿词科相比,就相差很远了。

这次经济特科,从录取的人数看,比乾隆年间的博学鸿词科还要多,但是,这些被录取的人们,后来都没有突出的成就。这种不景气的现象,不仅表明科举制度的腐朽,同时也预示着清王朝的末日就要到来了。

十一、清代的武科

清王朝建立后，沿袭明代的制度，在开设文科的同时，开设武科。武科和文科一样分童试、乡试、会试和殿试四级进行考试，被录取的人，分别有武生、武举、武进士等称号。文武两科，殊途并进。我们讲清代科举，武科也是不可忽视的一个方面。

武 童 试

武童试，三年举行一次，于学政到任的第一年举行。它和文童试一样，在县署报名，填写履历。先经县试、府试，然后由学政进行院试。学政到达任所，即巡视所属各学，举行岁考，"先文生，次文童，将文案发过，然后考试武生、童"①。考试前，令本县担任教习的武举、武弁、武生将所教武童姓名开明具结，审查合格，方准赴考。

---

① 《钦定大清会典事例》卷七百十九，《兵部》，《武科》，《武童生考试》一。

县试录取后,造册送府试,府试录取后,造册送院试,县、府试原卷,须合订呈送,以备查对。未经县试、府试,学政不得收考。

清初,县试、府试,不限录送名额。乾隆八年(1743)规定:武童额进一名,准府试取二十名,送学政照额选取。如有多送,照文童例许学政裁去。

武童考试分三场:头场马射,驰马发三矢,全部没有中靶的不续试。二场步射,连发五矢,全部没有中靶或仅中一矢的不续试。马射、步射合格,再试开弓、舞刀、掇石。以上考试,称为外场。三场原试策、论,后改默写《武经》,称为内场。因为骑、射、技勇非学政所长,所以,在考试外场时,由各省总督、巡抚、提督、总兵于就近副将、参将、游击内委派别省籍贯者一人会同学政进行考试。被委派的人员,接到通知之后,就要封门回避,不得与本地人士私相往来,家人兵丁,亦不得私自出入。直至考试结束,才能照常办事。

顺治二年(1645)规定:京卫武童,每年春秋二季由兵部考试,每季取进五十名。直隶、各省,由学政三年一考,没有定额。康熙三年(1664)将京卫武童归并顺天学政考取,三年一考,共取进一百名。此后,各学的名额有分有合,有增有减。咸丰、同治年间,因为捐输的缘故,许多地方的学额,都不同程度的有所增加。

院试揭晓后,学政将新录取的武生造册呈报兵部,同时将录取名单转发各学,无武学处,附文学教官管辖。除骑射外,教以《武经》、《百将传》、《孝经》、《四书》。照文生例,以下届新生到学为满期。满期后,仍按时督课。如有"骑射不堪,文理荒疏,以及品行不端者,许教官详请学政褫革"[1]。

---

① 《钦定大清会典事例》卷七百十九,《兵部》,《武科》,《武童生考试》一。

武生岁考,亦同文生,三年一次。无故临场不到,即行黜革。如系游学未归,患病未痊,可以申请展限。俟病痊、回籍,进行补考。欠至三次以上,不准展限,亦予黜革。倘文艺较优,不能骑射,准其告退,与文童一例考试。年老武生,不能骑射,即给予衣顶,归州县管辖。乾隆五年(1740),将给予衣顶的条件定为除重病者外,必须是入学三十年或年满七十岁的武生。乾隆八年(1743)又改为"年届六十者,虽未满十科,亦得给予衣顶"[1]。

武生举优,于学政三年任满时举行。由学政出具考语,题明送部。到部时,礼部考试文艺,兵部考试骑射,具奏请旨,升入太学,准作监生。但是,武生没有廪生和增生,武生举优,也没有贡生名目。加以监生可以捐纳得之,所以,虽有举优之名,而应者寥寥无几。

武 乡、会 试

武科乡试,和文科乡试一样,三年一次,以子、卯、午、酉年为正科,逢庆典为恩科。这年十月,直隶、奉天在顺天府,各省在布政司进行考试,中式者称为武举。次年九月,各省武举会集北京进行考试,中式者称为武进士。武科会试,也和文科一样,以丑、辰、未、戌年为正科,逢庆典为恩科。

武乡、会试,都分内外场。外场考官,顺天乡试和会试都以内大臣、大学士、都统四人担任。内场考官,顺天乡试以翰林官二人,会试以阁、部、都察院、翰、詹堂官二人担任。同考官,顺天乡试以

---

① 《钦定大清会典事例》卷七百二十,《兵部》,《武科》,《武童生考试》二。

科甲出身的京员四人担任，会试以科甲出身的阁、科、部员四人担任。会试知武举，由兵部侍郎担任。各省乡试，以总督、巡抚为监临、主考官，科甲出身的同知、知县四人为同考官，并委派就近省城之提督、总兵一人同考外场。

　　武乡、会试都分三场，顺治二年(1645)规定：头场试马射，射毡球，纵马三次，发九矢，中二矢者为合式。二场试步箭，射布侯，发九矢，中三矢者为合式。再开弓、舞刀、掇石以试技勇。三场试策二问，论一篇。顺治十七年(1660)，停试技勇，康熙十三年(1674)又加以恢复，并将外场考试内容作了一些修改。头场考试马射，箭靶各距三十五步，纵马三次，发九矢，中三矢者为合式。不合式，不准试二场。二场试步射，设大侯，高七尺，阔五尺，距离八十步，中二矢者为合式。不合式，不准入三场。马、步射后，再试以八力(十斤为一力)、十力、十二力之弓，八十斤、一百斤、一百二十斤之刀，二百斤、二百五十斤、三百斤之石。弓必开满，刀必舞花，掇石必离地一尺。三项内能一、二者为合式。不合式，不准入三场。康熙三十二年(1693)，因步射大侯，距离太远，"善射者不能多中，人材或致遗弃"，将八十步改为五十步，仍以中二矢为合式[①]。乾隆二十五年(1760)，又改为：马射二回，射六矢，再射地球一回，共计中三矢为合式，缺一者不准考试步箭。步箭设靶距离，由五十步改为三十步，射六矢，以中二矢为合式，缺一者不准试弓、刀、石。步箭靶高五尺，宽二尺五寸，不得随意高宽。弓、刀、石三项必有一、二项系头、二号者方准合式。此后相沿不变。

　　三场为内场。清初，试策二篇，论一篇。顺天乡试和会试由内

---

　　① 《钦定大清会典事例》卷七百十八，《兵部》，《武科》，《武乡会试兼行事宜》。

场考试官出题,各省乡试由巡抚出题。内场论题,用《武经七书》,即:《孙子》、《吴子》、《司马法》、《尉缭子》、《唐李问对》、《三略》、《六韬》。康熙四十八年(1709),太原总兵马见伯奏称:《武经七书》注解互异,请选定一部颁行。康熙认为:《武经七书》内容"甚杂,未必皆合于正",而"王道二字,即是极妙兵法"。令大学士等对《武经七书》加以区别,并增用《论语》、《孟子》出题。不久议定:《武经七书》,惟《孙子》、《吴子》、《司马法》议论近正。嗣后考试武生、武童论二篇,一题出《论语》、《孟子》,一题出《孙子》、《吴子》、《司马法》。以后乡、会试,均改为论二篇,时务策一篇①。乾隆二十四年(1759),又以"武场原以选取将材,讲明韬略,自当以《武经》为重",将《四书》论一篇裁去,只留《武经》论一篇、策一篇②。

武乡、会试虽有内场和外场,但是,在录取的时候,却以外场为主。乾隆三十年(1765),赵翼任顺天武乡试考官,看到考生的策文中"一旦"二字多写作"亘"字,而"丕"字又多写成了"不一"。"国家"、"社稷",如是指清王朝,应抬高一字,许多考生却将泛论古今的"国家四郊多垒","社稷危亡"之类亦无不抬写。武生自称生,应于行内稍偏,许多人又将"生人"、"生物"、"生机杀机"的"生"字一概偏在侧边。按照当时的规定,外场考试成绩有双好和单好。试官先于双好字号内择其文理平顺者取中,如不足额,再从单好字号内择其条畅者补中足额。实际是"外场已挑入双好字号,则不得不取中"③。乡试如此,会试也不例外。到了嘉庆十二年(1807),因应试者多不能文,干脆将内场策论改为默写《武经》,由主考官拟出一段,

---

① 《清朝文献通考》卷五十三,《选举考》七。

② 《钦定大清会典事例》卷七百十八,《兵部》,《武科》,《武乡会试兼行事宜》。

③ 赵翼:《檐曝杂记》卷二,《武闱》。

约百余字,有不能书写或涂写错乱者即为违式。内场考试,更是形同虚设了。

武乡试中额:康熙二十六年(1687)规定各省中额约为该省文乡试中额的二分之一,雍正年间,略有增减。咸丰、同治时,因为捐输的缘故,各省中额,又不同程度的有所增加。武会试中额:多至三百名,少亦一百名。康熙三十三年(1694),定内场分南北卷,各中五十名。康熙五十二年(1713),改为分省取中。临期,以该科外场合式人数请旨裁定,就本省卷内择优照定额录取。

武闱磨勘,开始于乾隆四十年(1775),但仅行于会试。1801年,嘉庆以武闱考官面定去取,容易作弊,令仿照文闱磨勘例,各直省《乡试题名录》内,将中式武生马、步射,弓、刀、石一一详注进呈。各省交兵部,顺天另派磨勘官核对。如有滥中、浮报,考生和考官都将受到严厉的处分。武闱复试,开始于嘉庆六年(1801),当时亦仅行于会试,不符者罚停殿试一科,三次复试不合式,除名。道光十五年(1835),顺天乡试之后亦进行复试。咸丰六年(1856),又将复试推广到各省,但是,这时的复试,已不如开始时那样严格了。

武　殿　试

武殿试是清代武科的最高一级考试。顺治二年(1645)定:会试之后,于十月内举行殿试,具体日期,由兵部拟定具奏请旨。武殿试的内容包括试策和考试马、步射,弓、刀、石。武殿试以兵部满、汉堂官为提调官,内阁、吏户礼刑工五部、都察院、通政使司、大理寺、翰林院、詹事府等堂官四人为读卷官,御史为监试官,内阁、翰林院、詹事府、六科官员和兵部司官、笔帖式为掌卷、受卷、弥封官,銮仪卫官员为巡绰官,内阁中书和兵部司官、笔帖式为印卷、填榜、供给官。以上各官,均由兵部根据各部院衙署开送职名密题请旨选派。

武殿试,先试中式武举策于太和殿,所试策题,按文殿试例,标目进呈,由皇帝钦定三条。殿试前一日于内阁刊刻题纸,临场散发。嘉庆以后,改为默写《武经》百余字。试策后,皇帝亲临西苑(今中南海)紫光阁大幄考试。考试分二日:第一日,先将黄册陈设紫光阁,经皇帝亲阅后考试马射。第二日,考试步射并开弓、舞刀、掇石。不久,改为第一日考试马、步射,第二日考试弓、刀、石。试毕,皇帝回宫。当天,由兵部带领引见。

从考试的程序看,试策在先,但是,甲第的先后,却以马、步射技勇成绩的高低为准。1833年,道光在一篇上谕中把录取的标准讲得非常明确:"武科之设,以外场为主。其弓力强弱,尤足定其优劣。至马、步箭本有一日之长短,第能合式,即可命中。""默写《武经》,又其余事,断不能凭此为去取。"[①] 所以,历科一甲进士,都在能开出号弓(十二力以上)的中式武举中挑取。考试完毕,兵部将记名的武举缮写名签进呈,由皇帝亲定甲第,交读卷官填榜。如果命王公大臣考试,将拟在前列者引见,由皇帝亲定。

武进士传胪在太和殿,御殿典礼与文进士大体相同。一甲三名赐武进士及第,二甲若干名赐武进士出身,三甲若干名赐同武进士出身。一甲一、二、三名,分别称为武状元、武榜眼、武探花。传胪礼毕,鸣赞官赞:"举榜",兵部尚书举榜出,至丹陛下,授司官,由中路捧至午门前,跪设龙亭内,行三叩礼,銮仪卫校尉举亭,鼓乐前导至西长安门外张挂。赐给武状元盔甲,诸武进士随出观榜,巡捕营

---

① 《钦定大清会典事例》卷七百十七,《兵部》,《武科》,《武会试》。

备伞盖仪从，送武状元归第。

传胪的第二天，赐读卷、执事各官和新科武进士宴于兵部，称"会武宴"。钦派内大臣一人主宴，护军统领一人管宴。赐给武状元盔甲、腰刀、缴袋、韂带、靴、袜等项，赏给诸武进士银两。会武宴的礼节和文进士的恩荣宴相同，"惟武进士未尝叩头耳"①。

传胪后，武进士分别以武职录用，顺治三年（1646）规定：一甲一名授参将，二名授游击，三名授都司；二甲授守备；三甲授署守备②。雍正五年（1727）又定：一甲一名授一等侍卫，二、三名授二等侍卫；二甲选十名授三等侍卫；三甲选十名授蓝翎侍卫，其余武进士分别以营、卫守备在兵部注册选用③。

清代的武科，和唐、宋以至明代相比，可以说是更加完备，更加制度化。但是，在清统治者的心目中，"武科一项，不过旧制相沿，因仍不废"④。仅管满洲贵族在和明王朝的战争中，曾得力于红衣大炮，封之为红衣大将军；随着科学技术的发展，枪炮在战争中的作用越来越大，清统治者却仍旧以马、步射，弓、刀、石作为选拔武科人才的手段。鉴于鸦片战争以来清王朝在对外战争中屡遭失败，光绪二十四年（1898），有人奏请武科考试改用枪炮。这一建议，竟然遭到兵部的否决。两年之后，又发生了八国联军的入侵。在中国人民革命浪潮的冲击下，1901年，清统治者不得不承认：武科"所习硬弓、刀、石及马、步射，皆与兵事无涉，施之今日，亦无所用"。下令"永远停止"⑤。

---

① 翁同龢：《翁文恭公日记》光绪十八年十月初六日。
②③ 《清朝文献通考》卷五十三，《选举考》七。
④ 《钦定科场条例》卷十五，《三场试题》，《题目成式》。
⑤ 《清朝续文献通考》卷八十八，《选举考》五。

十二、清代的科场案

　　科场案，并不始于清代。但是，在清代以前，科场案发生的次数不多，对有关人员的处理，大都不过革职、流放。清代的科场案，则颇为频繁，处理也十分严厉。有关人员往往被处以极刑，甚至殃及父母、兄弟、妻子。于是，清代科场案，就成了科举史上引人注目的事件。而发生在顺治丁酉科、康熙辛卯科、咸丰戊午科的科场案，又是清代科场案的三大高潮。

顺治丁酉科场案

　　科举制取代九品中正制，是历史的一大进步。但是，任何一种先进的制度，都不是十全十美的。科举制度建立不久，营私舞弊的现象就出现了。从唐代开始，封建统治者就采取了一些防弊的措施。随着科举制度的发展，防弊的措施日益严密，而作弊的手段也日益巧妙。到了明代后期，由于政治的腐败，科举场中挟带、抄袭、

顶替、倩代诸弊层出不穷,而最大的弊端,又无过于夤缘请托,贿买关节。

清王朝建立后,恢复科举取士。科场积弊,也随之沿袭下来。顺治十年(1653)四月,顺治就曾经指出:"提学官(后改称学政)未出都门,在京各官开单嘱托。既到地方,提学官又访探乡绅子弟亲戚,曲意逢迎。甚至贿赂公行,照等定价。督学之门,竟同商贾。"①顺治十四年(1657)正月,顺治在批评会试、乡试考官所取之士及殿试读卷、廷试阅卷、学道考试优等督抚按荐举属吏,皆称门生的陋习时,又尖锐地指出:他们"往往干谒于事先,径窦百出;酬谢于事后,贿赂公行",以致"荐举不公,官评淆乱"②。如果不改变这种状况,其结果将不仅是不能选拔真才,更重要的还会丧失人心,影响政权的巩固。由于问题严重,清统治者不得不下定决心,"痛革积弊"了③。

顺治十四年(1657)七月,侍讲方犹、检讨钱开宗被任命为江南乡试主考官,顺治当面告诫他们说:"江南素称才薮。今遣尔等典试,当敬慎秉公。倘所行不正,我就要像两年前惩办收用蠹役,纳贿行私的顺天巡按御史顾仁一样,将你们杀掉,决不轻恕。"④这番谈话,为考官们又一次敲起了警钟。

清统治者的三令五申,引起了一些人的注意。吏部考功司主事刘祚远,奉命到陕西主持乡试。行至潼关,有布政司人役孟经魁为生员崔尔嵬、高巍然、王溥关说,愿各出千金贿买举人。刘祚远立即将他们锁拿,送提学道审理,并奏明朝廷,请将孟经魁等人交

---

① 《清世祖章皇帝实录》卷七十四。

②③ 《清世祖章皇帝实录》卷一百六。

④ 《清世祖章皇帝实录》卷一百十。

巡按御史从严惩办，以振法纪①。但是，许多人却不把这位十九岁的皇帝的话放在心上，依旧我行我素，于是，令人怵目惊心的科场案在顺天和江南相继发生了。

顺治十四年(1657)八月，顺天乡试，庶子曹本荣为考官，中允宋之绳为副考官，评事李振邺、张我朴、博士蔡元曦、行人郭濬等十四人为同考官。李振邺等虽不全是贪财好贿之徒，却有一个共同的想法：结交权贵，延揽私人。他们利用职权，互相翻阅，试卷纷然紊乱。李振邺更是毫无顾忌。他在外所通关节有二十五人，而闱中试卷将近六千，一时难以寻获，他用蓝笔写了一张名单，让他随身携带的书童灵秀代为查找，二十五人的试卷全部找到，从中录取了五名。他自己徇私舞弊，对别人却横加干涉。考生蒋文卓与张我朴有隙。同考官郭濬得人关说之蒋廷彦卷，欲荐于主考。张我朴以为是蒋文卓，威胁郭濬说，"此人大不通，中之必遭物议"。郭濬不敢荐。

发榜后，舆论大哗。张我朴等却毫不在意，动辄向人宣称："某某，我之力也；某某本不通，我以情，故得副车也；某某，我极力欲中，无如某老中隔何也。"郭濬亦告诉蒋廷彦："兄卷已中，张(我朴)故不许。即张汉卷亦已中，李(振邺)故检而毁去也。"为了进行报复，蒋文卓将张、李二人科场舞弊的情况写成匿名揭帖，到处散发。张汉则将揭帖刻印出来，并将四张揭帖投送科道衙门。科场丑闻，在社会上广泛传开了②。

十月十六日，顺治在南苑召见部院汉大臣及翰林科道等官。他批评部院汉大臣"徇庇为奸，竟成积习"。批评翰林科道等官"明

① 《清世祖章皇帝实录》卷一百十二。
② 信天翁：《丁酉北闱大狱纪略》。

知隐匿,不行据实陈奏",要他们"痛改前行,勉图效力",否则"国法具在,决不少宥"①。刑科给事中任克溥立即上疏,揭发顺天科场大弊。顺治览奏,即传旨捉拿疏内有名人犯至吏部、都察院会审。审出李振邺、张我朴赃证有据,吏科给事中陆贻吉、博士蔡元禧、进士项绍芳行贿中田耜、邬作霖举人,并皆是实。为了惩戒将来,加重处治。李振邺、张我朴、蔡元禧、陆贻吉、项绍芳、田耜、邬作霖等七人俱著立斩,家产籍没,父母、兄弟、妻子俱流徙尚阳堡②。

李振邺等被处决的第二天,即通令各省,逮捕各家老幼,查抄各家财产,流徙出关者,多达一百零八人。

先是,李振邺在闱中用蓝笔书写的二十五人名单,事后并未从灵秀手中索回销毁。这张名单,落入灵秀的同伴冯元手中。冯元对李振邺怀有宿怨,将它收藏起来,作为挟制李振邺的凭据。案发后,冯元交出了名单。单上有名的,都被一一捉拿归案。不久,办理顺天科场的礼部官员董笃行、鱼飞汉、柯耸及监试御史等也被捕入狱。

十二月,顺治谕令礼部:"将今年顺天乡试中式举人速传来京,候朕亲行复试,不许迟延规避。"③这时,新举人约二百名,大都返回原籍。因朝廷命令严厉,各府州县像对待囚犯一样,将他们押送起解,兼程赴京。顺治十五年(1658)正月十五日,顺治亲自在太和门进行复试。题目钦定,派大臣阅卷。考试后二日发榜,朱汉雯等一百八十二人仍准会试,苏洪濬等八人文理不通,被革去举人。

---

① 《清世祖章皇帝实录》卷一百十二。
② 《清世祖章皇帝实录》卷一百十二。
③ 《清世祖章皇帝实录》卷一百十三。

顺治十五年（1658）四月，刑部等衙门审拟具奏：王树德、陆庆曾、潘隐如、唐彦曦、沈始然、孙旸、张天植、张恂俱应立斩，家产籍没，父母、兄弟流徙尚阳堡。孙珀龄、郁之章、李倩、陈经在、邱衡、赵瑞南、唐元迪、潘时升、盛树铭、徐文龙、查学诗俱应立斩，家产籍没。张旻、孙兰苗、郁乔、李苏霖、张绣虎俱应立绞。余赞周应绞，候秋后处决。曹本荣、董笃行等亦分别定罪。一场大规模的杀戮，眼看已成定局。

四月二十二日，刑部忽接谕旨，拿取各犯，御前亲审。这天清晨，刑部备绑索四十副，口衔四十枚，刽子手四十名，行刑刀数口，簇拥各犯入太和门。顺治亲自升殿审问，王树德等一一供认作弊事实，只有张天植竭力为自己辩解。他说："臣男已蒙荫，富贵自有，不必中式。况又能文，可以面试。"用刑，夹一足，仍矢口否认。顺治令将各犯拿送法司，于长安街重责四十板候旨。杖毕，仍押回刑部狱中[1]。

四月二十五日，刑部等衙门奉旨：王树德等交通李振邺等贿买关节，紊乱科场，大干法纪，本当依拟正法，但多犯一时处死，于心不忍，俱从宽免死，各责四十板，流徙尚阳堡，余依议。董笃行等仍复原官，曹本荣等亦著免议。大学士管吏部尚书事王永吉，因其侄王树德私通科场关节，自请处分，得旨：降五级调用。顺天科场案至此结束。

顺天乡试舞弊被揭发后不久，又有人揭发江南乡试舞弊。

顺治十四年（1657）八月，江南乡试。发榜后，众情大哗。因本科试题中有《论语》"贫而无谄"一章，有人借题发挥，写成《黄莺儿》词

---

[1] 信天翁：《丁酉北闱大狱纪略》。

一首：“命意在题中，轻贫士，重富翁。‘《诗》云’‘子曰’全无用。切磋欠工，往来要通，其斯之谓方能中。告诸公，方人子贡，原是货殖家风。”江宁书肆刻印无名氏《万金记》传奇，方字去一点为万，钱字去边旁为金，万金二字，实指方犹、钱开宗二主考。剧中极力描绘科场中行贿通贿的情状。著名戏剧家尤侗应试不第，也写成一剧名曰《钧天乐》。剧中主人翁江南才子沈白、杨云进京应试，名落孙山。而纨绔子弟贾斯文、程不识、魏无知三人，或因主考何图系其父门生，或因主考收受贿赂，分别得中状元、榜眼、探花。沈、杨二人，历尽坎坷，含恨死去。几个反面人物都写得非常深刻，栩栩如生。这些揭露科场弊端的作品，不仅在社会上广泛流传，有的还传入宫廷，引起统治者的注意。

顺治十四年（1657）十一月二十五日，工科给事中阴应节奏参江南主考弊窦多端，其彰著者如取中之方章钺，系少詹事方拱乾第五子，悬成、亨咸、膏茂之弟，与犹朕宗有素，乃乘机滋弊，冒滥贤书，请立赐提究严讯。顺治览奏，非常气愤，认为方犹等曾经面谕，尚敢如此，殊属可恶。将方犹、钱开宗和十八名同考官全部革职，令刑部派遣差役将主考、同考以及中式举人方章钺迅速拿解来京，严行审讯，令两江总督郎廷佐将本内所参事情及闱中一切弊窦速行严察明白，将人犯拿解刑部①。

顺治十五年（1658）二月三日，御史上官铉又奏称：江南同考官、舒城县知县龚勋出闱后，被诸生所辱，事涉可疑。又有举人程度渊，情弊昭著，应详细磨勘，以厘宿奸。顺治览奏，也令“严察逮讯”②。

为了鉴别真伪，顺治采纳了上官铉的建议，照本年顺天乡试

---

① 《清世祖章皇帝实录》卷一百十三。

② 《清世祖章皇帝实录》卷一百十五。

例,对江南新榜举人进行复试。但是,这时已是二月下旬,本科会试即将举行,"直省士子云集,闱务不便久稽"。于是决定,江南新科举人,停止会试①。

三月十三日,顺治亲自主持复试江南新榜举人。考试内容为《四书》义二篇,赋、诗各一篇。"每举人一名,命护军二员持刀夹两旁"②。吴鸣珂三次试卷,文理独优,特准同今科会试者一体殿试。汪溥勋等七十四名,仍准作举人。史继佚等二十四名,亦准作举人,罚停会试二科。方域等十四名,文理不通,俱革去举人③。

四月二十五日,顺天科场案的在押人员得到从宽处理,刑部以为,江南科场案的有关人员,可以"因缘幸脱"④,没有抓紧时间,审明拟罪。

十一月十九日,刑部忽接谕旨:"江南乡试作弊一案,奉旨严审,已经一年,尔等至今并未取有招供,拟罪具奏,明系故为耽延,希令遇有机缘,以图展脱,其中岂无情弊?尔等作速明白回奏。"⑤

在顺治严旨催促下,刑部只得将全案审拟具奏,正主考方犹拟斩,副主考钱开宗拟绞,同考官叶楚槐等拟责遣尚阳堡,举人方章钺等俱革去举人。这样的处理意见,又遭到顺治的否定。

顺治十五年(1658)十一月二十八日,顺治发布了一道上谕:"方犹、钱开宗差出典试,经朕面谕,务令简拔真才,严绝弊窦,辄敢违朕面谕,纳贿作弊,大为可恶,如此悖旨之人,若不重加惩治,何以警戒将来?"并质问刑部:"承问此案,徇庇迟至经年,且将此重

---

①③ 《清世祖章皇帝实录》卷一百十五。

② 王应奎:《柳南随笔》卷一。

④ 无名氏:《研堂见闻杂记》。

⑤ 《清世祖章皇帝实录》卷一百二十一。

情，问拟甚轻，是何意见，著作速回奏。"①后来刑部尚书图海、白允谦、侍郎吴喇禅、杜立德等因"谳狱疏忽"，分别受到了革去少保、太子太保并所加级，其无加级者，著降一级留任的处分②。

顺天科场案，打击面就已经不小，江南科场案的惨酷，则更甚于顺天。顺天科场案，仅杀戮同考官二人，其他官员三人，举人二人，其余则刑部所拟甚重而特旨改轻。江南科场案则刑部所拟甚轻而特旨改重。主考二人皆斩决，同考官十八人，除已死之卢铸鼎外，全部处绞，妻子家产均被籍没入官。八个举人中，方章钺是因被指控与主考官方犹"朕宗有素"，吴兆骞本是有名的才子，因复试时试场气氛紧张，"战栗不能握笔"，虽"审无情弊"③，亦受到了"责四十板，家产籍没入官，父母、兄弟、妻子并流徙宁古塔"的处分④。如果说，对于顺天科场案，清统治者还比较慎重，对江南科场案就不免感情用事了。尽管这样做的目的是为了革除科场积弊，但是，滥施刑戮，草菅人命，也是不足取的。

在阴应节奏参方犹之后不久，刑科给事中朱绍凤又奏参河南主考黄钺、丁澎进呈《乡试录》中，《四书》文三篇皆由己作，不用考生墨卷，有违定例。并弹劾黄钺此次入闱"挟持铨曹，恣取供应"⑤。顺治十五年(1658)二月，礼部磨勘丁酉科乡试朱卷，又发现黄钺、丁澎用墨笔添改字句。山东省同考官袁英、张锡怿、唐瑾、吴遏、何铿、章贞用蓝笔改窜字句，山西省考官匡兰馨、唐赓尧批语不列衔名。先后被革职逮问。后来，黄钺照新例籍没家产，与丁澎一

①④ 《清世祖章皇帝实录》卷一百二十一。
② 《清世祖章皇帝实录》卷一百二十二。
③ 戴璐：《石鼓斋杂录》。
⑤ 《清世祖章皇帝实录》卷一百十三。

起流徙尚阳堡。袁英等八人各降三级调用。

过去，人们在谈到顺治丁酉科场案的时候，也谈到黄钤、丁澎等人，但是，河南、山东、山西三省的科场案，和顺天、江南的科场案是不可同日而语的。

康熙辛卯科场案

顺治丁酉科场案，在全国引起很大震动。此后数十年间，考官多能以清白自矢，"科场弊端，为之廓清"①。但是，随着时间的流逝，血的教训逐渐被遗忘了。当徐乾学红极一时的时候，"登高而呼，衡文者类无不从而附之。以是游其门者无不得科第"。翰林杨某，是他的表兄弟。一次在上朝时相遇，徐问："欲主顺天乡试否？"杨答："幸甚！"徐说："有名士数人，不可失也。"晚上，徐用小红封给杨送去一张名单。第二天，杨某主持顺天乡试的谕旨就发布了。杨不得已，照徐乾学送来的名单如数录取。发榜之后，京师大哗，匿名帖遍街市。康熙知道后，非常生气，要亲自审理。杨某惶恐万分，向徐求救，徐要他不用紧张。让人向康熙祝贺说："国初以美官授汉儿，汉儿且不肯受，今汉儿营求科目，足觇人心归附，可为有道之庆。"康熙听后，默然不语，不再追究"②。

但是，这种现象，对清王朝的统治终究是不利的。康熙三十八年（1699）顺天乡试，"所中大臣子弟居多"③，落第考生散发传单，抨击本科主考修撰李蟠，副主考编修姜宸英，说他们"纳贿营私，逢迎

---

① 《清史稿》卷一百八，《选举志》三。

② 赵翼：《檐曝杂记》卷二。

③ 《清圣祖仁皇帝实录》卷二百。

权要"。并造作歌谣："老姜（薑）全无辣味，小李大有甜头。"①御史鹿佑疏参，康熙令九卿詹事科道会同将李蟠等严加议处。九卿等议复：拟将李蟠、姜宸英革职。康熙认为，这样处理，还不能使人们从中吸取教训，他决定将本科所取举人齐集内廷复试，如有托故不到者，即行黜革。对考官的处分，俟复试后具奏。

康熙三十九年（1700）正月二十七日，复试顺天己卯科举人，康熙亲自命题，并特命皇子、重臣、侍卫严加监试。"及阅各卷，俱能成文"。但是，当康熙作出"落第者在外怨谤，势所必有"的结论时②，年老的姜宸英已病死狱中了。

康熙五十年（1711）辛卯科江南乡试，主考副都御史左必蕃，副主考翰林院编修赵晋。九月九日榜发，解元为刘捷，苏州中式者十三人，其余多为扬州盐商子弟。其中勾容县知县王曰俞所荐之吴泌，山阳县知县方名所荐之陈光奎，皆文理不通之人，群情激愤，九月二十四日，苏州生员千余人在玄妙观集会，推廪生丁尔戬为首，将财神像抬入府学，锁之于明伦堂。怨主考左必蕃不识文字，怨副主考赵晋大胆贿卖，争作诗词、对联、歌谣，到处张贴。有人借两位主考的姓写成一副对联："左丘明两目无珠；赵子龙一身是胆。"有人用纸糊贡院之匾，将"贡院"二字改为"卖完"③。两江总督噶礼将丁尔戬等拘禁，准备按诬告问罪。主考左必蕃、江苏巡抚张伯行分别奏报。康熙派户部尚书张鹏翮会同江南、江西总督噶礼、江苏巡抚张伯行、安徽巡抚梁世勋在扬州详审。

在审讯中，举人程光奎供认素与副主考赵晋、山阳县知县方名

① 戴璐：《石鼓斋杂录》。
② 《清圣祖仁皇帝实录》卷一百九十七。
③ 戴璐：《石鼓斋杂录》。

交好，是以取中。举人吴泌供认贿买情况：是余继祖包揽，托员炳过付。员炳最初供认：安徽巡抚叶九思得银五千两，江防叶同知得银三千两。后又改供：安徽巡抚叶九思没有见他，因另托李奇。审问李奇时，李奇供认：金子十五锭，交安徽藩司马逸姿家人轩三收受。随即夹审轩三，轩三矢口否认。这时，一个名叫姚振中的人，向江宁县知县苏壎告发：李奇家中现藏金子，诬赖轩三。苏壎即带领衙役到李奇家中，问其妻杜氏取出金子十五锭，连同告发人一起解交噶礼等审讯。噶礼、梁士勋认为，从前李奇供称金子交与轩三，现在却在李奇家问他妻子取出，似属妄扳。张伯行则认为轩三与本案关系不能排除。因为，审讯李奇时，李奇曾说，从他家中取出金子，是"众人合谋，将金子诬陷于彼，以脱安抚藩司"①。联系到乡试前风闻总督通同监临、提调揽卖举人，放榜后，喧传取中不公，左必蕃疏中有请将新中举人吴泌、陈光奎提至京城复试或发督臣严讯之语，以及总督欲索银五十万两，保全无事等传说，认为此案与噶礼有关，所以为轩三开脱，不肯审明。奏请将噶礼解任严审。噶礼亦疏参张伯行挟嫌诬陷、监毙人命等七大罪状，并请与张伯行对质。康熙将二人解任，令张鹏翮会同漕运总督赫寿确审。江南、江西总督印务，由江西巡抚郎廷极署理，江苏巡抚印务，由浙江巡抚王度昭署理。

噶礼、张伯行解任的消息传到江南，噶礼的支持者于二月十八、十九等日连续罢市，赴苏州织造衙门投递呈文，要求题请留任。二月二十二日，噶礼派人将总督印信送往江西巡抚衙门，兵民等竟将城门关闭，要求把印留下，让噶礼复任总督，并将噶礼住所的大门用木石堵塞，不容出来。张伯行的支持者则在街上张贴歌

---

① 《江宁织造曹寅奏报江南科场案折》。

谣,歌颂他的德政,并赴各衙门投递呈文,要求张伯行留任。"兵为总督者多,秀才为巡抚者多"①。江南兵民,围绕着督抚的去留,形成了两座鲜明的壁垒。

这时,张鹏翮之子张懋诚为怀宁知县,是噶礼的下属官员,张鹏翮有所顾忌,祖护噶礼。奏称:张伯行劾噶礼揽卖举人,索银五十万两,事属全虚,应革职拟徒准赎。噶礼劾张伯行各项,俱系从前旧案。其中戴名世《南山集》一案,涉及方苞,由张伯行遣员料理,与事实不符,应降一级留任。吴泌等拟绞监候,秋后处决。赵晋、王曰俞、方名俱革职,和他们的妻子一起。发往烟瘴地方充军,左必蕃所参虽实,而取中举人革退四名,亦应革职②。

康熙认为,张鹏翮等人对于噶礼张伯行互参一案,并未审问明白,赵晋于考试时私受贿赂,暗通关节之事,亦未拿问严审,不能草率结案。于是,另派户部尚书穆和伦、工部尚书张廷枢前往再审。结果仍如前议。吏部议复时,完全同意穆和伦等的意见:张伯行革职,噶礼免议。康熙认为,张伯行居官清廉,操守为天下第一。这样处理,是"是非颠倒",令九卿詹事科道"会同矢公据实再议"③。九卿等会议时,不再涉及两人互参内容的虚实,仅以两人"俱系封疆大臣,不思和衷协恭,互相参讦,殊玷大臣之职"为理由,请将噶礼、张伯行一并革职。至于张伯行是否留任,请康熙裁决。于是,噶礼、张伯行互参一案,就以噶礼革职,张伯行革职留任而宣告结束,至于赵晋是否与噶礼"朋比为奸"④,就不再有人提起了。

---

① 《江宁织造曹寅奏报江南科场案折》。
② 《清圣祖仁皇帝实录》卷二百五十。
③ 《清圣祖仁皇帝实录》卷二百五十一。
④ 梁章钜:《归田琐记》卷五。

经过一年多的审讯，终于弄清了赵晋私受贿赂、暗通关节的情况。先是，歙县贡生吴泌求余继祖贿买举人，议定银八千两。余先将黄金一百两、白银二千两托巡抚叶九思门生员炳往求。八月初三日，员炳往见九思，假称吴泌是他的表弟，求提拔并言银数。九思说："银我不要，纳个记号来，我便中对房考说。"第二天早上，员炳往见余继祖，在布政司书办李奇、杜功德家写关节，系"其实有"三字，放在首场第一篇文章破题内。员炳于初七日送给九思，九思知帘官泾县知县陈天立是赵晋亲戚，托陈转告赵晋，说吴泌是他的好友，求中许银五百两，房官处他自料理。考试后，吴泌卷分在勾容县知县王曰俞房。二十一日，陈天立见王曰俞，称是赵晋所托，王曰俞遂将吴泌卷呈荐取中。扬州程光奎，素与山阳县知县方名往来，见过程光奎的文章。程光奎在场内抄录旧作，方名知道是程光奎的文章，即行呈荐。发榜后，方名向程索谢，令程代还前借商银八百两。这时，福建乡试，亦发生了同考官吴肇中贿买关节的事件，鉴于考试官"不遴取真才，止图贿赂，夤缘作弊者渐多"①，康熙谕令严处。除叶九思已经病故，陈天立畏罪自缢外，其余均按律定罪。赵晋、王曰俞、方名斩立决，吴泌、余继祖、员炳、李奇、程光奎绞监候，秋后处决，左必蕃失于觉察，革职。同案查出请人代笔中式之徐宗轼，夹带文字中式之席玕，亦一并枷责。

赵晋被判决之后，革职家居的原翰林院编修王式丹入狱探视。因为，王式丹是康熙四十二年（1703）癸未科状元，赵晋是该科榜眼，二人既是同年，又曾同在翰林院供职，交谊颇深，故往一诀。第二天，赵晋自缢身死。不久，张伯行奏称，"尸图与赵晋状貌不符，生死难

① 《清圣祖仁皇帝实录》卷二百五十三。

明",将扬州知府赵宏煜革职严审①。由此又产生了一种传说,死者并非赵晋,真正的赵晋被王式丹带病仆入狱换走了。一场灾难降到了王式丹的头上,他被捕入狱,"通缉数年无获,王方得释"②。

咸丰戊午科场案

康熙五十年(1711)之后,雍正、乾隆、嘉庆等朝,科场作弊也时有发生,但是规模不大。

然而到了咸丰(1851—1861)初年,条子之风甚行。"条子者,截纸为条,订明诗文某处所用文字,以为记验"③。凡是和考官、房官熟识的人都可呈递,或托人转递,房考官入场,"凡意所欲取者,凭条索之,百不失一"④。人们互相效尤,大庭广众中不以为讳。统治者用以防弊的糊名易书之法通通流于形式了。

咸丰八年(1858)戊午科顺天乡试,正主考大学士柏葰,副主考户部尚书朱凤标、左副都御史程庭桂。九月发榜,满洲生员平龄中式第七名。平龄素娴曲调,曾在戏院登台演出。当时,北方风俗,凡善唱二黄曲者私相结合、登台自炫所长,称为票班,俗称票房,又称玩票。按照科场条例,职业演员即所谓"优伶"不得参加科举考试。但是,票班并非职业演员,自然不适用这一规定。平龄中式,人们却议论纷纷,说"优伶亦得中高魁矣!"御史孟传金疏劾平龄朱墨不符,物议沸腾,请特行复试。咸丰令载垣、端华、全庆、陈孚恩认

---

① 蒋良骐:《东华录》卷二十二。
② 戴璐:《石鼓斋杂录》。
③ 薛福成:《庸盦笔记》卷三。
④ 薛福成:《庸盦笔记》卷三。

真查办,不准稍涉回护。并将折内所指各情,可传集同考官一并讯办。载垣等审讯平龄,平龄供称只曾在票班唱戏,余俱支吾。为了便于严讯,以"登台演戏,有玷斯文"为理由,先将平龄革去举人[1]。复勘试卷时,发现平龄墨卷内草稿不全,诗中有七个错字。同考官邹石麟以为,朱卷中的错字系誊录的笔误,便代为改正。这次复勘,发现应讯办查议的试卷,竟有五十本之多。对此,咸丰非常恼怒,认为主考、同考各官"荒谬已极",除同考官有无情贿逐案查讯外,将正主考柏葰先行革职、副考官朱凤标、程庭桂暂行解任,听候查办。不久,又发现主考官柏葰听受嘱托,副考官程庭桂收受条子的事件,晚清的科场大案发生了。

先是,刑部主事罗鸿绎应戊午顺天乡试,考试前,几次往访兵部主事李鹤龄。李鹤龄随拟字眼,约定首场《四书》文第一篇文末用"也夫",第二篇文末用"而已矣",第三篇文末用"岂不惜哉",诗末用"帝泽"。并向罗表示"若能分房,可留心看"他的文章。罗鸿绎写好条子,交与李鹤龄。李鹤龄于入场前将条子递交担任本科同考官的翰林院编修浦安,请他照应。浦安入闱后,见中皿卷一本与条子字眼相符,文笔尚属清畅,即于卷上批写"气盛言宜,孟艺尤佳"字样加以呈荐,罗鸿绎之卷就作为中皿备卷留下了。后来,填写草榜,核对草底,闱官误将恭字十二号即罗鸿绎之卷交还本房当作已中之卷。柏葰发现后,便让家人靳祥前往浦安处将此卷撤下。浦安说他房内的中皿卷只此一本,嘱托靳祥转恳柏葰将此卷取中,千万不要撤下。柏葰听从,即将第十房刘成忠之卷撤去,取中罗鸿绎。柏葰在场内与浦安见面时,告诉浦安说:"中恭十二号,本是备

---

[1] 《钦定大清会典事例》卷三百四十,《礼部》,《贡举》,《严申禁令》。

卷,拟中副榜,今已中了正榜。"①榜发,罗鸿绎以二百三十八名中式。出闱后,罗鸿绎到李鹤龄家请教拜见老师礼节,李鹤龄取过本科《题名录》,在罗鸿绎名上画了五圈,向他索要谢银五百两。罗鸿绎因事前并未提及要银,不肯应允。由于李鹤龄再三纠缠婉说,罗鸿绎只好将银如数送去。浦安得银三百两、李鹤龄得银二百两。

这时,案内要证靳祥,已随柏葰之侄分发甘肃知府锺瑛出京,咸丰谕令陕西巡抚曾望颜"即饬所属地方官,沿途截拿,迅速押解来京审讯,毋令脱逃"②。不久,即在潼关将靳祥拿获,押解回京,归案审办,案未结,先死狱中。

在这一事件中,柏葰听受嘱托,撤换试卷,对罗鸿绎的取中,是负有重大责任的。但是,他对罗鸿绎与李鹤龄、浦安之间交通关节的情况并不了解。于是,在柏葰的处分问题上发生了争论。刑部奏称:"查例内并无仅听嘱托,不知交通关节,作何分别治罪明文,向来亦未办过似此成案",无法拟罪③。而载垣等"与柏葰不相能,欲借此兴大狱以树威"④,必欲置柏葰于死地而后快,坚持"比照交通嘱托,贿买关节例,拟斩立决"⑤。当时,载垣、端华、肃顺等人,手握朝政大权,声势显赫。他们的意见,具有极大的权威性。咸丰九年(1859)二月十三日,咸丰在勤政殿召见绵愉、载垣、端华、彭蕴章、穆荫、匡源、文祥、瑞麟、麟魁、文彩、存佑、文丰、肃顺、全庆、陈孚恩、赵光、许乃普等亲王和大臣,询以"柏葰有无屈抑","诸臣默无

① 中国第一历史档案馆藏:《军机处录副奏折》、《柏葰供词》。
② 《清文宗显皇帝实录》卷二百六十七。
③ 中国第一历史档案馆藏载垣等奏折咸丰九年二月十三日。
④ 薛福成:《庸盦笔记》卷三。
⑤ 中国第一历史档案馆藏载垣等奏折咸丰九年二月十三日。

一言"①。于是,以皇帝的名义,宣布对柏葰等人的处分:柏葰即行
处斩,浦安、罗鸿绎、李鹤龄照例斩决,朱凤标失于觉察,从宽,即行
革职,邹石麟为平龄更改朱卷,实属违例,革职,永不叙用。

接着,载垣等继续审讯副考官程庭桂收受条子案。

在审讯柏葰听受嘱托一案时,浦安供出"在场时,曾闻程主考
有烧毁条子之事"②。遂将程庭桂革职,谕令兵部尚书陈孚恩审
理。程庭桂供称自己入闱后,其子工部郎中程炳采接受条子,交与
家人胡升,于八月初六日运送铺盖入场时携入场内,转递给他。但
是,递送条子之人,概未中式。于是,将程炳采革职拿讯。审讯时,
程炳采供出陈孚恩之子刑部候补员外郎陈景彦曾送条子给他。陈
孚恩诘以有无凭据,程炳采称当时于场外焚化销毁,并未送入闱
中。陈孚恩回寓,严诘其子,确有其事。因为此案涉及自己的儿子,
陈孚恩奏请回避严议,并请将其子革职。咸丰谕令将陈景彦革职,
归案办理。陈孚恩并不知情,改为交部议处。并命陈孚恩除涉及陈
景彦之处照例回避外,余仍秉公会审,毋庸回避全案。

此后,程炳采又供出工部左侍郎潘曾莹之子翰林院庶吉士潘
祖同代其同乡工部候补郎中谢森墀递送条子,刑部侍郎李清凤之
子工部郎中李旦华假托父名,私送条子,并代同籍贡生幕友王景麟
致送关节。此外,湖南布政潘铎之子候选通判潘敦俨、程炳采家教
读附贡生熊元培亦有条子。潘铎与程庭桂是儿女亲家,程炳采没
有供出,但是,潘铎得知案发,惶恐不安,自行带子投案。潘曾莹仿
效陈孚恩的做法,奏请将其子潘祖同革职归案,并自请严议。

---

① 中国第一历史档案馆藏任兆坚奏折咸丰十一年十二月初九日。
② 中国第一历史档案馆藏军机处录副奏折《浦安供词》。

这时,李旦华、谢森墀、熊元培已经回籍,咸丰谕令江苏督抚即行派员解京,归案审讯。王景麟尚未离京,令步军统领衙门查传到案,一并审讯。

经过近十个月的审讯,终将全案审拟完毕。咸丰九年(1859)七月十七日,咸丰于勤政殿召见绵愉、载垣、端华、陈孚恩、穆荫、匡源、文祥等亲王和大臣,宣布对程庭桂等人的处分,上谕说:科场为抡才大典,考试官及应试举子有交通嘱托,贿买关节等弊,问实斩决。定例綦严,不得以曾否取中,分别已成未成。程炳采于伊父入闱后,竟敢公然接收关节条子,交家人胡升递入场内,即系交通嘱托关节,情罪重大,著照王大臣所拟,即行处斩。程庭桂身系考官,于伊子传递关节并不举发,有心蒙蔽,虽所收条子未经中式,而交通已成,确有实据,即立予斩决,亦属罪有应得。惟念伊子程炳采已身罹大辟,不忍将伊再置重典,著加恩发往军台效力赎罪。谢森墀、王景麟、熊元培、李旦华、潘敦俨、潘祖同、陈景彦等,本应照科场专条,治以死罪,惟与业经正法之罗鸿绎等尚属有间,均著发往新疆效力赎罪①。

由于失察子弟夤缘犯法,陈孚恩、潘曾莹、李清凤、潘铎均照例降一级调用。本科监临、监试、专司稽察及内外帘执事各员并搜检王大臣也因失察柏葰家人靳祥向房官查卷并临时抽换中卷,以及程庭桂家人胡升携带关节入场,分别受到了降二级留任、降三级留任、降二级调用或罚俸一年的处分。

这次科场案,先后受到惩处的共九十一人,其中斩决者五人,遣戍者三人,先是遣戍后准捐输赎罪者七人,革职者七人,降级调用者十六人,罚俸一年者三十八人,被罚停会试或革去举人者十三人,死于狱中者二人。大学士柏葰,不仅是清代科场案中被斩决的

① 《清文宗显皇帝实录》卷二百九十二。

惟一的一品大员，在科举史上，死于科场案的官员中，他的职位也是最高的。

咸丰十一年（1861）七月，咸丰病死热河，九月，慈禧太后在奕诉等贵族官僚和外国侵略者的支持下发动政变，夺取了政权。载垣、端华、肃顺被处死，陈孚恩被革职，发往新疆效力赎罪。十二月，御史任兆坚奏称："柏葰伏法，全由载垣等深文周纳，情罪未明，请予昭雪。"① 慈禧令礼、刑两部会同将原案悉心确查，秉公详议。同治元年（1862）正月，礼、刑两部奏报核议结果。慈禧认为，载垣等与柏葰"平日挟有私仇"，借科场案之机，"擅作威福"，"竟以牵连蒙混之词，致柏葰身罹重辟"。但是，柏听信家人靳祥之言，辄将浦安房内试卷取中，"谓为无罪，实有不能"。奏请昭雪，"未免措词失当"。为了推法外之仁，柏葰之子，候选员外郎锺濂，即著该旗带领引见。从前承审此案之王大臣，除载垣、端华上年俱赐令自尽，陈孚恩亦经另案发往新疆外，吏部尚书全庆，于载垣等定拟此案时，不能悉心核议，附和成谳，著加恩免其革职，降四级调用②。

在慈禧当政的四十七年中，科场案很少发生。光绪十九年（1893），编修丁维提为陕西乡试主考。事前，他的同年友饶士腾替他辗转嘱托。后来，事情败露，两人都被逮捕审讯。饶士腾畏罪自杀，丁维提革职。这是同治（1862—1874）光绪（1875—1908）年间惟一的科场案，也是清代最后的一次科场案。但是，科场案的减少，并不意味着科场中已经弊绝风清，而是更加严重。傅增湘在《清代殿试考略》一书中写道："盖同（治）、光（绪）以来，幼君当祚，女主临朝，国家抡才之典，久为大臣市恩之地矣，岂不重可叹哉！"

---

① 《上谕档》，咸丰十一年十二月。

② 《上谕档》，同治元年正月。

十三、科举制度的消亡

科举制度的历史,是在清王朝覆灭之前宣告结束的。它之所以消亡,是因为它腐朽,阻碍了历史的发展。它的结局,只能是被历史所淘汰。

"牢笼志士,驱策英才"之术

科举制度,在历史上是曾经起过进步作用的。但是,封建统治者采用这种制度,是从维护自己的统治出发的。狭隘的阶级利益,使这一制度从一开始就存在着消极因素。贞观(627—649)年间,唐太宗李世民看见新进士从端门列队而出的时候,非常高兴,说:"天下英雄入吾彀(gòu)中矣!"①弓箭射程之内称为彀中。在他看来,科举制度乃是使英雄就范的手段。此后不久,洋州刺史赵匡在《举

---

① 王定保:《唐摭言》卷一。

选议》中列举了科举制度的十一种弊病。他批评了进士科的"务为巧丽",也批评了明经科的"徒竭其精华习不急之业"。"所习非所用,所用非所习",就是他对明经科也是对进士科提出的中肯的批评①。对于这个问题,唐统治者却始终没有予以重视。

宋神宗的时候,围绕着科举制度的改革展开了一场辩论。因为明经科的弊病比较明显,所以论争的焦点集中在进士科。王安石指出:"今以少壮时,正当讲求天下正理,乃闭门学作诗赋,及其入官,世事皆所不习,此科法败坏,人材致不如古。"②根据王安石的建议,罢明经诸科,进士科的考试也不再用诗赋、帖经、墨义而用大义。为了统一学术思想,进行政治改革,儒家的经典《易》、《诗》、《书》、《周礼》、《礼记》、《论语》、《孟子》成了科举考试的主要内容,他自己的《三经新义》更成为解释《诗》、《书》、《周礼》的权威性著作。按规定:考试大义的人,"须通经,有文采,乃为中格"③。但是,那些应试的人们,却"专诵王氏章句而不解义"④。这种情况,使王安石感到后悔说:"本欲变学究为秀才,不谓变秀才为学究。"⑤学用脱节的问题仍然没有解决。

随着封建社会的没落,科举制度本身的消极因素就进一步发展,特别是从明朝开始,以八股文作为考试的主要内容之后,科举制度更成为禁锢思想,摧残人材的工具了。

清初,统治集团内部在八股取士的问题上有过激烈的争论。康熙二年(1663)八月,曾经宣布:"乡、会考试,停止八股文,改用

---

① 马端临:《文献通考》卷二十九,《选举考》二。

②③ 《宋史》卷一百五十五,《选举志》一。

④⑤ 朱熹:《三朝名臣言行录》卷六。

策、论、表、判。"①上谕中说:"八股文章,实于政事无涉,惟于为国为民之策、论、表、判中出题考试。"②康熙四年(1665),礼部侍郎黄机奏称:"制科向系三场,先用经书,使阐发圣贤之微旨,以观其心术;次用策、论,使通达古今之变以察其才猷。今只用策、论,减去一场,似太简易。且不用经书为文,则人将置圣贤之学于不讲,请复三场旧制。"康熙七年(1668),又恢复旧制,仍用八股文③。

乾隆三年(1738),统治集团内部在是否实行科举的问题上又发生了一场争论。兵部侍郎舒赫德认为:时文、经义、表、判、策、论都是空言抄袭,毫无用处,科举考试,不是"遴拔真才实学之道",请求加以改革。乾隆将他的奏折交给礼部的官员们讨论。礼部在覆奏中虽然承认舒赫德对科举制度的批评符合事实,但又认为"时艺所论,皆孔孟之绪言,精微之奥旨,参之经史子集以发其光华、范之规矩准绳以密其法律,虽曰小技,而文武干济、英伟特达之才未尝不出乎其中"。至于科举考试中存在的缺点,只要主考官们能够"循名责实,力除积习,杜绝侥幸,文风日盛,真才自出。"科举制度,完全没有改变的必要④。其实,这些极力维护科举制度的人们,何尝不知道八股是无用的东西?当时,"力持议驳"的执政大臣鄂尔泰就曾经说过:"非不知八股为无用,而牢笼志士,驱策英才,其术莫善于此。"⑤寥寥数语,充分暴露了清统治者的罪恶用心。

---

① 王先谦:《东华录》康熙二年八月。

② 王逋肱:《蚓庵琐语》,《说铃》清刻本第十三册。

③④ 《清史稿》卷一百八,《选举志》三。

⑤ 《满清稗史》第三十七节。

历史的必然

科举制度的腐朽，在明代就已经暴露出来了。明代末年，有人尖锐地指出八股文会断送明王朝的江山。他们在朝堂上贴了一张大大的柬帖，上面写道："谨具大明江山一座，崇祯夫妇两口，奉申贽敬，晚生文八股顿首。"① 清代的一些进步的思想家和文学家，对于科举制度都进行了猛烈的抨击。顾炎武说："八股之害，等于焚书。而败坏人材，有甚于咸阳之郊。所坑者，但四百六十余人也。"② 又说："此法不变，则人才日至于消耗，学术日至于荒陋，而五帝三王以来之天下，将不知其所终矣。"③ 李颙也说，当时的知识分子，"所习惟在于词章，所志惟在于名利"。八股取士，是"以学术杀天下后世"，其后果，比"洪水猛兽"还要厉害得多④。《聊斋志异》的作者蒲松龄，在他的一些作品中，对科举制度埋没人才和摧残知识分子的身心都作了深刻的揭露。吴敬梓的《儒林外史》更通过对儒林群丑的形象描绘，对科举制度进行了辛辣的讽刺。曹雪芹的《红楼梦》，对这个问题虽然着墨不多，他对科举制度的批判却是十分深刻的。贾宝玉叛逆精神的一个重要方面，就是反对科举。他把那些热衷科举的人称为"禄蠹"。对八股文更是深恶痛绝。他说："这原非圣贤之制撰，焉能阐发圣贤之奥，不过是后人饵名钓禄之阶。"谁要是劝他常和那些为官作宦的人讲谈讲谈"仕途经济"，他

---

① 吕留良：《伥伥集》卷三，《真进士歌》自注。
② 顾炎武：《日知录》卷十六，《拟题》。
③ 顾炎武：《日知录》卷十六，《经义策论》。
④ 李颙：《二曲全集》卷十二，《匡时要务》。

就会大觉逆耳，说这是"混账话"，即使是原来和他非常亲密的姐妹，也要和她"生分"了。

比曹雪芹早生二三十年，而逝世又晚七八年的以医学知名的徐灵胎（1693—1771），在一首《道情》中写道：

　　读书人，最不齐。烂时文，烂如泥。国家本为求才计，谁知道变作了欺人技。三句承题，两句破题，摆尾摇头，便道是圣门高弟。可知道"三通"、"四史"①，是何等文章？汉祖、唐宗，是哪一朝皇帝？案头放高头讲章，店里买新科利器。读得来肩背高低，口角嘘唏，甘蔗渣儿嚼了又嚼，有何滋味！辜负光阴，白白昏迷一世。就教他骗得高官，也算是百姓朝廷的晦气②。

那些整天钻研"高头讲章"，揣摩八股时文的读书人，不仅对于天下大事、国计民生茫无所知，就是对祖国的历史文化，也是知之不多的。他们知识的贫乏，达到了惊人的程度。"三通"、"四史"，是几部有名的著作，汉祖、唐宗是两位杰出的皇帝，可是这些人都不知道。清代科举，从顺治三年（1646）丙戌科开始，到光绪三十年（1904）甲辰科结束，共举行一百一十二科，共有状元一百一十二人，像翁同龢那样的人，就已经是凤毛麟角。一生庸庸碌碌，无所作为的比比皆是。状元如此，其余的可想而知。从科举出身的人中，虽然也有少数的人才，但是，这并非得力于科举，而是在他们用八股文这块"敲门砖"敲开了仕途之门以后就改弦更张的缘故。鲁迅指出："那时候，儒生们在私塾里揣摩高头讲章，和天下国家何

　　① 三通：指杜佑的《通典》，郑樵的《通志》，马端临的《文献通考》。四史：指司马迁的《史记》，班固的《汉书》，范晔的《后汉书》，陈寿的《三国志》。

　　② 袁枚：《随园诗话》卷十二。

涉,但一登第,真是'一举成名天下知',他可以修史,可以衡文,可以临民,可以治河;到清朝之末,更可以办学校,开煤矿,练新军,造战舰,条陈新政,出洋考察了。成绩如何呢? 不待我多说。"①

　　历史在前进。曾经居于世界前列的中国,从明代以后,就一天一天的落后了。落后是要挨打的。如果说,在 19 世纪以前,清王朝还可以闭关自守的话,到了 19 世纪 30 年代,西方先进的资本主义国家,就要以他们的大炮来打开中国的大门了。这种新的形势,是科举出身的人们应付不了的。鸦片战争前,著名的思想家龚自珍写了《病梅馆记》和《己亥杂诗》。在《病梅馆记》中,作者通过对按照文人画士的审美观培植出来的病梅的描写,抨击了封建统治阶级对人才的摧残。在《己亥杂诗》中,更大声疾呼,要求改变"万马齐喑"的局面。他写道:

　　　　九州生气恃风雷,

　　　　万马齐喑究可哀。

　　　　我劝天公重抖擞,

　　　　不拘一格降人才。

　　己亥,是道光十九年,也就是 1839 年,第二年六月,爆发了鸦片战争。战争的结果,清王朝遭到了失败。随之而来的是一个又一个的不平等条约,一次又一次的割地赔款。统治集团中的一些人认为,战争之所以失败,是由于外国人的"船坚炮利",于是,买枪炮,购军舰,修铁路,办工厂,开矿山,派遣留学生,这就是人们所说的"洋务运动"。1894 年,清王朝又在中日战争中遭到失败,李鸿章

---

　　① 　鲁迅:《名人和名言》,《鲁迅全集》人民文学出版社 1981 年版,第六卷,第 363 页。

经营了近二十年的北洋海军全军覆没。一些先进的知识分子开始认识到光搞"船坚炮利"是不行的，还必须改革政治制度。废除八股，尤为当务之急。光绪二十四年(1898)四月二十八日，光绪在颐和园仁寿殿接见维新派代表人物康有为的时候，康有为就力陈科举之害。他说："今日之患，在吾民智不开，故虽多而不可用。而民智不开之故，皆以八股试士为之。学八股者，不读秦汉以后之书，更不考地球各国之事，然可以通籍，累至大官。今群臣济济，然无以应事变者，皆由八股致大位之故。故台、辽之割，不割于朝廷而割于八股；二万万之款，不赔于朝廷而赔于八股；胶州、旅、大、威海、广州湾之割，不割于朝廷而割于八股。"光绪深有感慨地说："西人皆为有用之学，而吾中国皆为无用之学，故致此。"康有为说："上既知八股之害，废之可乎？"光绪说："可。"①康有为从颐和园出来，就告诉宋伯鲁，要他上书，请求废除八股取士制度。光绪见到宋伯鲁的奏疏，立即命军机大臣拟旨，废除八股。军机大臣刚毅却竭力反对，说："此乃祖制，不可轻废，请下部议。"光绪说："部臣据旧例以议新政，惟有驳之而已。吾意已决，何议为！"②于是下诏："自下科为始，乡、会试及童生岁、科各试向用四书文者，一律改试策论。"③不久，慈禧发动政变，使一切新政成为泡影。这次资产阶级的改良运动，仅仅进行了一百零三天就以失败告终了。国家的最高权力，仍然掌握在那些腐朽的满洲贵族和凭借科举而爬上高位的愚昧无知的大臣们手里。徐桐就是他们中的典型。徐桐是汉军正蓝旗人，中了进士以后，历任礼部尚书，翰林院掌院学士，上

① 《康南海自编年谱》光绪二十四年四月二十八日。
② 梁启超：《戊戌政变记》第二章。
③ 中国第一历史档案馆藏《上谕档》光绪二十四年五月。

书房总师傅,以吏部尚书协办大学士,太子太保,体仁阁大学士,与军机大臣会商一切事宜。其地位之高,权力之大,可以想见。但是,就是这位徐桐,"不但连算学也斥为洋鬼子的学问","西班牙和葡萄牙的存在",也是"决不相信的,他主张这是法国和英国常常来讨利益,连自己也不好意思了,所以随便胡诌出来的国名"[①]。在1900年的义和团运动中,他是清王朝统治集团中参与决策的重要人物。但是,义和团运动失败了,八国联军打进了北京,慈禧逃跑了,徐桐也自缢而死。

后来,慈禧为了讨好侵略者,缓和统治集团内部的矛盾,欺骗广大人民,不得不把她两年前视为大逆不道而宣布废除的一些新政加以施行。光绪二十七年(1901)七月,下诏改革科举,乡、会二试,头场试中国政治史事论五篇,二场试各国政治艺学策五道,三场试《四书》义二篇,《五经》义一篇。"凡《四书》、《五经》义,均不准用八股文程式"[②]。但是,在当时的情况下,点滴的改良,已经无济于事了。在中国资产阶级兴学校、废科举的革命舆论压力下,慈禧根据张之洞、刘坤一等的建议,于光绪三十一年(1905)七月宣布:"自丙午科为始,所有乡、会试一律停止。"[③]这一腐朽的制度终于灭亡,几年之后,即1911年,清王朝的反动统治也在中国人民反帝反封建的革命风暴中覆灭了。

---

① 鲁迅:《在现代中国的孔夫子》,《鲁迅全集》,人民文学出版社1973年版,第六卷,第134页。

② 中国第一历史档案馆藏《上谕档》光绪二十七年七月。

③ 中国第一历史档案馆藏《上谕档》光绪三十一年七月。

附　录

一、清代乡、会试试题示例

科举制度创立之后,考试科目、考试内容和考试方法都处在不断变化的过程中。唐代科举,科目较多,考试内容,因科而异:进士试诗赋,明经试帖经、墨义,秀才试方略策,明法试律令条文,明字试《说文》、《字林》,明算试《九章》、《海岛》诸书。一史、三史、三传、开元礼等科,考试内容更是十分明确。宋代科举,初沿唐制。熙宁(1068—1077)年间,王安石变法,进士科之外,其他科目全部废除,考试内容,也不再是诗赋、帖经、墨义,而是《易》、《诗》、《书》、《周礼》、《礼记》、《论语》、《孟子》等儒家经典的大义和策论。王安石罢相之后,诗赋又成为科举考试的内容。后来,进士科一分为二:经义进士和诗赋进士。在考试内容方面,虽经义、诗赋各有所重,而试论、试策,却是对两科的共同要求。

　　明统治者总结了隋、唐以来，特别是明朝初年科举取士的经验，于洪武十七年(1384)颁行科举成式，"沿唐、宋之旧而稍变其试士之法"①。乡试和会试都定为三场：第一场，试《四书》义三道，经义四道。第二场，试论一道，判语五条，诏、诰、表内科一道。第三场试经史时务策五道。这些内容，都不是随意规定的。"先之以经义，所以试其所习也；次之以论、表、判，则词章法律之学备焉；又次之以策问，则知其究心当世之务，不致泥古而不适于用"②。在他们看来，一个知识分子，如果具备这些方面的修养，那就是"彬彬乎有体有用之材矣"③。

　　清统治者入关之后，对明王朝的许多制度都有因有革，有增有减，"独于制科取士之法无所更改"④。乾隆九年(1744)，有人主张复古，用乡举里选代替科举，乾隆立即加以驳斥。他说："科举之法，经文与《四书》并重。其余必淹贯词章而后可以为表，必通晓律令而后可以为判，必论断有识而后可以为论，必通达古今而后可以为策。"⑤这些考试内容，"皆内可见本原之学，外可验经济之才"⑥。如果改变做法，不仅仍难识别真才，而且易滋流弊。后来，乾隆对科举考试的内容虽然有所更张，其基本精神却没有改变。乾隆以后，至清末，一直没有什么变化。

　　乾隆一朝是清代科举制度变化较多的时期，而每次改变，乡、会试各场的考试内容都同时调整。对乡试的要求，也就是对会试的要求。现选录乾隆以前的乡试题和乾隆以后的会试题各一份。

---

　　①　《明史》卷七十，《选举志》二。

　　②③　汪霦：《顺天乡试录序》。

　　④　康熙四十七年戊子科《顺天乡试策题》。

　　⑤⑥　《钦定大清会典事例》卷三百三十二，《礼部》，《贡举》，《试艺体裁》。

通过这两份试题,我们对清代乡、会试的内容可以有一个较全面的了解。

雍正七年己酉科江南乡试题目

第一场

《四书》

生而知之者,上也。

徵则悠远,悠远则博厚,博厚则高明。博厚所以载物也,高明所以覆物也,悠久所以成物也。

汤执中,立贤无方。

《易》

忠信所以进德也。

天施地生,其益无方。

形而上者谓之道。

和顺于道德而理于义。

《书》

好生之德,洽于民心。

四海会同。

有猷、有为、有守。

功崇惟志,业广惟勤。

《诗》

如圭如璧。

以介我稷黍,以穀我士女。

遹求厥宁,遹观厥成。

圣敬日跻。

《春秋》

> 齐人、陈人、曹人伐宋。庄公十有四年。
>
> 六月,雨。僖公三年。齐人来归郓、讙、龟阴田。定公十年。
>
> 晋侯伐卫。文公元年。晋侯、宋公、卫侯、郑伯、曹伯会于
> 扈。晋荀林父帅师伐陈。宣公九年。
>
> 卫侯使宁俞来聘。文公四年。

《礼记》

> 如竹箭之有筠也,如松柏之有心也。
>
> 当其可之谓时。
>
> 人生而静,天之性也。
>
> 仁之为器重,其为道远。

第二场

论

> 天地之性人为贵。

诏、诰、表专经,表一道。五经,诏、诰、表三道。

> 拟汉令郡国举孝廉诏。元光元年。
>
> 拟宋以司马光为尚书左仆射兼门下侍郎诰。元祐元年。
>
> 拟

上以宾兴重典,

睿旨周详,

特命直省督抚,各行文邻近省分,于候选进士、举人内文行素

> 优者咨送分校,实于吏治文衡均有裨益,著为定例,群臣谢

表。雍正五年。

判语五条

讲读律令。

乡饮酒礼。

关津留难。

盗贼捕限。

侵占街道。

第三场

策五道

问：诚者，天德之本而圣性之源也。故《系传》本天而曰易，易即诚也。孔门传道而曰一，一亦诚也。是则天人之精，其理同贯，一诚而已矣。我

皇上体乾行健，与天合撰，凡用人行政以及一话一言，悉皆本之以至诚。每

训词下颁，慈祥恳挚，充溢于言表。中外臣民，读者无不感激格心焉。比年以来，嘉徵上瑞，云集骈臻，寰海蒙庥，史册希觏，实由我

皇上至诚昭格之所致也。谨按：诚之一字，始见于《乾》之《文言》。盖乾者君道，又圣人之学也。孔子于此，特揭而言之，以明君道、圣学皆以诚为之枢。然则诚之为义，不其深乎？夫诚，一也。孔子既言存诚矣，又言立诚，其说同欤？否欤？善绎孔子之说者，莫备于《中庸》。然，既曰诚，又曰明。岂诚之外别有明？抑诚无不贯，而所谓明者亦生于诚耶？后天之方位，以阳卦为图之终始，而阴卦则居其中间。先儒以为是文王之心学也。孔子、子思之说，毋乃渊源于是？其精蕴旨趣，可剖析言之欤？厥后周子之作《易通》，言诚矣，复言几言诚

之源矣,复言诚斯立,与大《易》、《中庸》之义,岂不若合符节

欤?夫诚者,天之道也,惟合天之圣人能体之。其德业之盛,

大有可得而名言者欤? 尔多士生逢

圣世,沐浴于教养之泽者既深且渥,其于奥旨微言,宜讲之熟矣。

　　各抒所见,著于篇。

　　问:士为四民之首。士习之淳漓,实世教风俗之所关系。故《虞

　　书》曰:"戒之用休,董之用威。"而周之教法,亦先德行,后

　　六艺。有不率教者,则移郊、移遂以绳约之。盖未尝不惩劝

　　兼施,惓惓然以此为先务也。我

皇上继天立极,为亿兆

君师。海内人文,云蒸霞蔚,岁月增盛。仰蒙

圣恩,加意奖拔,量材器使。复详为训导之方,

特命教职,各考士子之优劣,申闻学臣而惩劝

　　之以示警励。凡所以栽培造就,使其成材者,恩明意美,超

　　轶百代矣。考《周官》,州长以正月之吉属民读法,考其德行

　　道艺而纠其过恶。党正于四时之孟月读法以纠戒之。族师

　　于月吉读法而书其孝弟睦婣。有学者,推其所读之法,必以

　　三物鼓舞之,以八刑悚惧之,非姑为具文也。今教职之官,

　　虽月有课,季有考,毋乃徒以文字相先,未尝以行谊相勖。

　　其于读法之意,讵能有当欤? 将使司铎者日程士以正业,有

　　小善焉,即录之;有小不善焉,即斥之;其顽不可教者,则申

　　详而黜革之。以端士习,厚民风,用副我

皇上教育之至意。何道而能使闻见必周,察核必审,而褒黜必公且

　　当欤?诸生身厕黉宫,苟有所见,直陈无隐,将以观其志

　　趣焉。

问：为治莫重于得人，而论才必先于实用。故《虞书》曰："敷奏以言，明试以功，车服以庸。"明其人不足与图功者，必不采无用之空言而登之于禄位也。我

皇上宵旰精勤，凡选守令人员，许于考试履历之时条陈所见以观其识。引

见之下，有才虽中平而犹堪策励者，则交督抚试看以程其能。其有执法奉公，绩效尤著者，则不次超擢以奖劝其善。仰见我

皇上驭吏之方，实与尧、舜同符。固宜吏治蒸蒸，远轶于熙皞之盛矣。乃直省守令，犹容有以瘝旷上挂弹章者，岂其人不知自爱？毋亦素所学者多浮华之学，而于国计民生未及讲贯，故一旦措诸有政，茫然不得其先后施设之宜也？历考驭吏之道：在周则正以六叙，在汉则察以六条，在唐则叙以四善，在宋则考以三等。大抵皆责其实用，非徒文藻之尚也。其条目指要，可略举欤？诸生他日皆有民社之寄者，诚不宜以刑名钱谷为俗务，而以词章绮缋为清流。况江南词讼财赋为天下剧，钱谷除抗匿冒揽外，又有奸胥飞洒、豪家诡寄诸弊，为他省所鲜有。将使俗修任恤之风，人凛急公之义，其道何由？至词讼则或架虚以耸听，或旁扯以陷人，或贿嘱官吏以售奸，又何道能使民气淳庞，案牍清省，以上副

圣天子刑期无刑之至意也？凡有可以杜其源而抑其流者，各悉心以对。

问：积贮之法，筹之以素而用之以时，意至厚也。自周人立为委积，设之专官，其后惟汉之常平仓，隋之义仓，宋之广惠仓、社仓为最著。常平、广惠之储，出之自官而官掌之；义仓之储，出之自民而亦官掌之；惟社仓则民出之而民掌

之。其立法之原委同异，可得而详欤？我

国家德洋恩普，凡直省州县皆有常平积谷。

至我

皇上，加惠寰区，常平之外，民间有愿立社仓者，悉从其便。遇远省
　　仓储之未丰者，辄截漕以益之。至江浙商人，感沐

洪仁，不忍私其赢利，吁请归公，亦皆令其尽数买谷，储于本地。

恩施叠沛，加以风雨和顺，年岁屡登，四海之内，物阜民康，已跻于
　　击壤歌衢之盛矣。惟是积贮之利至溥而弊亦至多，其掌于
　　官者，保无有牧令之侵挪，吏胥之蠹耗欤？保无有借推陈之
　　名，而虚指文簿为实数；因糶三之例，而私取息钱以自肥者
　　欤？其掌于民者，保无有官长之勒派，约保之吞渔欤？保无
　　有官诿之民，而稽察之不勤；民听诸官，而盖藏之不谨者
　　欤？何道可以整肃厘清，贻之永久而无弊也？至州县积谷，
　　皆系实在，往往以霉烂致亏者，其故何欤？岂设厫未得其
　　地，铺垫未尽其宜，晒飏未适其节欤？诸生详策之，以为拜
　　献之先资焉。

　　问：水利之兴，其来尚已。自大禹决川距海，浚浍距川，明德传
　　于万世。而《周礼》亦有荡水、均水、舍水、写水诸法。盖圣
　　人利民之意至厚，故治水之法至详也。我

皇上仁育万方，无日不以民依为念。自畿甸以逮山陕，水利无不修
　　举，而于江南堤工，尤廑

睿念。指示精详，疏筑得宜。加以

圣德感孚，百川顺轨。是以黄则中流迅溜，海口深通；淮则高堰崇
　　坚，清口畅遂：实贻万年永赖之庆。惟是下河一带，实洪泽
　　之波所自泄。因恐下河或不能受也，故于串场诸河则浚之，

于丁溪、小海诸闸则修之。盖浚下河即以疏上河也。若乃太湖为江南浙西诸水之汇,而下流泄于三江。三江地与海近,潮汐嘘吸,不无海水侵田之虞,我

皇上特命修筑海塘以捍外潮,复浚三江以泄内水。沟洫相输,灌溉有赖。至若七鸦、白茆、徐泾、福山诸塘,莫不因地形之低昂,审潮势之缓急,相度坚筑,期于久远。凡诸河务塘工,有能明晰言之者欤?昔胡瑗设治事斋,教人以经济之学,尝称刘彝善治水,彝果以治水显。然则农田水利之宜,诸生安可不素讲欤?其在图籍所载,耆老所传,尚有可效一得,以备大廷之采苇者欤?尔多士生长此邦,当熟悉其情形,其各以所见对。

光绪二十四年戊戌科会试题目

第一场

钦命《四书》题

子曰:"放于利而行,多怨。"子曰:"能以礼让为国乎?何有?不能以礼让为国,如礼何?"

不诚无物。

所以动心忍性,曾益其所不能。

钦命诗题

赋得"云补苍山缺处齐"。得"山"字,五言八韵

第二场

《五经》题

君子以除戎器,戒不虞。

厥贡璆铁、银镂、砮磬、熊罴、狐狸、织皮。

吉日维戊。

叔孙豹会晋赵武、楚屈建、蔡公孙归生、卫石恶、陈孔奂、郑良
霄、许人、曹人于宋。襄公二十有七年。

命大师陈诗以观民风，命市纳贾以观民之所好恶。

第三场

第五道

问：《易》有先天后天，如何分判？邵子云：画前先有《易》。卦画
未呈，《易》于何见？上古之世，茹毛饮血，穴居野处。饮食
宫室之制，何代开之？制器尚象，立成器以为天下利，非古
之圣人欤？形上谓之道，形下谓之器，试陈其理。《书》以道
政事，而尧、舜、禹授受，曰：人心，曰：道心，曰：精一，曰：
执中，不言事而言心。自二帝、三王以来，所以制治保邦者
盖有其本，诚确陈之。孔子言：诵《诗》三百，授政不达，不
能专对，虽多奚为！《诗》何以能达于政？何以能专对？其
举所心得焉。《春秋》据鲁史以书其事，论者谓圣人之褒
贬，严于一字，然欤？邵子言《春秋》为圣人之刑书，其义安
在？《周礼》所以致太平，或谓非周公之书，果何所据？王安
石用以治宋，宋以致乱。古法之不善欤？抑儒生泥古之过
欤？士不通经，无以致用。

圣朝经学昌明，多士研究有素，其各陈所蕴。

问：修史之难，莫如表、志。《史记》八书、十表，实倡其端，能言
所本欤？《律书》一篇，其词错杂，或谓非史迁之旧，然欤？
《汉书》：《地理》、《艺文》志，是其创作，征兰台之图籍，改

《七略》之旧文,能无失欤?《古今人表》,《史通》所讥,岂遂无可取欤?《后汉书》无表,熊方补之,体例未精,脱伪尤甚,能正之欤? 华峤易表为谱,何法盛易表为注,有可征欤? 沈约《宋书》,其志上包三国,惟河渠、艺文,阙焉不记,郊祀、舆服,并入《礼篇》,刑法、食货,附之纪传,果孰为得失欤?魏收《魏书》,《释老》一篇,世议所病,《地形》之志,曲笔尤多,能言其意欤? 隋志兼胪五代,或遂复录《晋书》,非其失欤? 欧、宋《唐书》,始复作表,而方镇则不纪其人。宰相世系,又类家谱,信可称欤?《新五代史》,仅《司天》、《职方》二考,不太简欤? 史兼三长,其详对之,用觇学识焉。

问:教化之兴,由于学校。古昔盛时,家有塾,党有庠,术有序,国有学,所以化民成俗,培养人才,意至深也。四代之学,虞有上庠、下庠,夏有东序、西序,商有右学、左学,周兼用之,又有辟雍、成均、瞽宗之名,其制如何?《周礼》,司徒修六礼、明七教、齐八政。乐正崇四术,其条目安在?古者,八岁入小学,十五入大学,其教之之序与教之之法,试详言之。《学记》言古之教者,今之教者,教法之得失,试确指之。秦、汉以来,天下初定,未遑学校。汉立学校,置博士弟子员,始于何时? 创议者何人? 唐制,凡学六,皆隶于国子监。分授诸生之法,有何名目? 宋儒朱子,有《学校贡举议》,叶适有《学校论》,其用意如何? 能略言之欤? 我皇上侧席求贤,振兴学校,多士其参酌古今,条举善策焉。

问:《周礼》大司马制军,有军、师、旅、卒、两、伍之名,小司徒会万民之卒伍以作田役,以比追胥,以令贡赋,其起徒卒之法如何? 为之将帅者何人? 管仲相齐,作内政寓军令轨里连乡,盖依周制而从轻便,以守则固,以战则强,其法可详考欤?汉踵秦制,郡置材官,其时有材官、骑士、楼船诸名,能知其略欤?又有卒更、践更、过更之法,试详陈之?唐初,置府兵,番上、兵部以当宿卫,厥后更为弋旷骑,能知其利病欤?唐德宗与李泌议复府兵,泌所陈说,最有条理,能举其略欤?宋时有禁兵、厢兵、乡兵、藩兵,其制如何?三代以上,兵出于民,人尽知兵,国无养兵之费。三代以后,兵与民分,费日多而兵愈弱。有时团练民兵,则闾里骚动,其故何欤?今欲使有勇知方,

皇威遐畅,将何道之从?

问:货布刀泉,起于上古,权衡百物,俨与布帛菽粟同为日用之需。是以历代相沿,各有制造。钱之轻者,有榆荚、荇叶、鹅眼、綖环、四铢、三铢、二铢、沈郎诸名;钱之重者,有当三、当五、当十、当三十、当百、当千诸名,能考其时代与当时奉行之利弊欤?周景王铸大钱,有谏之者;汉文帝铸半两钱,亦有谏之者,能知其意旨欤?钱法之坏,莫患乎私销私铸,欲杜其弊,何为善策?唐有飞钱,宋有交子、会子,金、元皆有交钞,其行用之法如何?能使国用富实,财货流通欤?夫农桑衣食,百工器用,生民所资为生也。金银钱币,不可衣食,而国恒视以为贫富,其故何欤?古时钱币少而国恒有余,后世钱币多而国恒不足,其故又何欤?方今中外通商,财货流溢,欲使民物康阜,府库充盈,果遵何道欤?

附注:原件系竖行,无标点。为了便于阅读,现加标点,改作横排。清代科举考试主要文体示例亦与此同。

二、清代科举考试主要文体示例

（一）《四书》文

《四书》是《论语》、《孟子》、《大学》、《中庸》四部儒家经典的总称。以《四书》命题的八股文称为书艺或《四书》文。

明、清两代，乡试和会试的第一场，都要考试《四书》文三篇。考官命题，要按一定的顺序和比例。顺治三年(1646)规定：《四书》第一题用《论语》，第二题用《中庸》，第三题用《孟子》。如第一题用《大学》，第二题用《论语》，第三题仍用《孟子》。这就是说，在三个题目中，《论语》、《孟子》必须各占一题，另外一题，《大学》、《中庸》可以任选。以《大学》命题，顺序在《论语》、《孟子》之前，以《中庸》命题，顺序则在《论语》、《孟子》之间。这一规定，从清初到清末相沿不变。

儒家学说，是中国封建社会的精神支柱，《四书》、《五经》，被封建统治者尊为经典。但是，在清统治者的心目中，《四书》的地位又更重于《五经》，认为"《六经》精微，尽于《四子书》"[①]。从康熙开始，会试和顺天乡试的《四书》文题目，都由皇帝钦命。三篇《四书》文，对于考生的能否录取具有决定性的作用。乾隆曾经说过："国家设制科取士，首重者在《四书》文。"[②]《四书》文不合格，其他的文章虽好也很难中式了。

八股文是明、清两代科举考试的特殊文体。其内容和形式都有严格的规定。但是，从明代以来，"时文之风尚，屡变不一"[③]。

---

①②③ 《钦定大清会典事例》卷三百三十二，《礼部》，《贡举》，《试艺体裁》。

1732年(雍正十年),雍正曾明确提出以"清真雅正"作为衡文的标准。为了"使海内士子,于从违去取之界,晓然知所别择"②,1736年(乾隆元年),乾隆又命著名学者方苞,将明、清诸大家的《四书》文精选数百篇,汇为一集,颁布天下,以为举业指南。1739年(乾隆四年)书成,选入文章七百八十三篇,编为四十一卷,名曰《钦定四书文选》。现从该书中选录一篇,略加分析,以见一斑。

子谓颜渊曰:"用之则行,舍之则藏,惟我与尔有是夫!"

韩 菼

圣人行藏之宜,俟能者而始微示之也。(一)盖圣人之行藏,正不易规,自颜子几之,而始可与之言矣。(二)故特谓之曰:毕生阅历,祗一二途以听人分取焉,而求可以不穷于其际者,往往而鲜也。迫于有可以自信之矣,而或独得而无与共,独处而无与言。此意其托之窾歌自适也耶,而吾今幸有以语尔也。(三)回乎!人有积生平之得力,终不自明,而必俟其人发之者,情相待也。故意气至广,得一人焉,可以不孤矣。人有积一心之静观,初无所试,而不知他人已识之者,神相告也。故学问诚深,有一候焉,不容终秘矣。(四)回乎!尝试与尔仰参天时,俯察人事,而中度吾身,用耶?舍耶?行耶?藏耶?(五)汲于行者蹶,需于行者滞。有如不必于行,而用之则行者乎,此其人非复功名中人也。一于藏者缓,果于藏者殆。有如不必于藏,而舍之则藏者乎,此其人非复泉石间人也。(六)则尝试拟而求之,意必诗书之内有其人焉,爰是流连以志之,然吾学之谓何?而此诣竟遥遥终古,则长自负矣。窃念自穷理观化以来,屡以身涉用舍之交,而充然有余以自处者,此际亦差堪慰耳。则又尝身为试

---

① 《钦定大清会典事例》卷三百三十二,《礼部》,《贡举》,《试艺体裁》。

之，今者辙环之际有微擅焉，乃日周旋而忽之，然与人同学之谓何？而此意竟寂寂人间，亦用自叹矣。而独是晤对忘言之顷，曾不与我质行藏之疑，而渊然此中之相发者，此际亦足共慰耳。（七）而吾因念夫我也，念夫我之与尔也。（八）惟我与尔揽事物之归，而确有以自主，故一任乎人事之迁，而祇自行其性分之素。此时我得其为我，尔亦得其为尔也，用舍何与焉，我两人长抱此至足者共千古已矣。惟我与尔参神明之变，而顺应无方，故虽积乎道德之厚，而总不争乎气数之先。此时我不执其为我，尔亦不执其为尔也，行藏又何事焉，我两人长留此不可知者予造物已矣。（九）有是夫，惟我与尔也夫，而斯时之回，亦怡然得、默然解也。（十）

解题

《论语·述而篇》："子谓颜渊曰：'用之则行，舍之则藏，惟我与尔有是夫！'子路曰：'子行三军，则谁与？'子曰：'暴虎冯河，死而无悔者，吾不与也。必也临事而惧，好谋而成者也。'"全章三节，此题为第一节，称一节题。

作者介绍

韩菼，字元少，江苏长洲（今江苏苏州市）人。通五经，应顺天乡试，得到徐乾学的赏识。康熙十二年（1673），会试、殿试均名列第一，授修撰。历任内阁学士、礼部侍郎、尚书等职，康熙四十三年（1704）卒。他擅长八股文，和刘子壮、熊伯龙、李光地并称顺、康四大家。乾隆称赞他"雅学绩文，湛深经术。所撰制义，清真雅正，开风气之先，为艺林楷则"[1]。

---

① 《清史稿》卷二百六十六，《韩菼传》。

释义

（一）破题二句。明破行藏，暗破惟我与尔。破题于圣贤诸人，均须用代字。这里以圣人代孔子，以能者代颜渊。

（二）承题四句。承题不用代字，直称名号，故称颜子。破题、承题，皆用作者之意，不入口气。

（三）用"故特谓之曰"开端，以下即入孔子口气。毕生四向正起，迨于三句反承，此其二句一转一合。层次分明，总括全题。起讲以后，全是孔子口气。

（四）本题无上文，只用"回乎"二字领起，直接入题。孔子对弟子一律呼名。颜子名回，字子渊，所以不用渊而用回。"回乎"以下为起二比，每比七句，在我尔二字上盘旋，轻逗用舍行藏而不实作。

（五）出题五句。仍用"回乎"二字唤起，将用舍行藏我尔等字一齐点出。

（六）起比后之两小比。每比五句，将"用之则行，舍之则藏"二语点出，叫起我尔意为中比地步。

（七）中二比。每比十句，阐发题中义理，关上锁下，轻紧松灵。

（八）过接二句。过到题之末句"惟我与尔"，紧接后比。

（九）后二比，每比八句，着力发挥"惟我与尔"，总起用舍行藏。

（十）此四句为全篇之收结。

（二）《五经》文

《五经》是《诗》、《书》、《易》、《礼记》、《春秋》等五部儒家经典的

总称。以《五经》命题的八股文称为经文、经艺或《五经》文。明代和清代初年，乡试、会试的第一场，均试《四书》三题，《五经》各四题，考生专治一经。乾隆二十一年(1756)，改为乡、会试第一场止试《四书》文三题。《五经》各四题，改为第二场。乾隆五十二年(1787)，又作出决定，改变"向来止就本经按额取中"的旧例，从明年戊申科开始，按《诗》、《书》、《易》、《礼记》、《春秋》的顺序，"分年轮试毕后，即以《五经》出题并试"①。此后成为定制。《五经》文在科举中的地位，名义上是与《四书》文并重，实际上却不如《四书》文。考官阅卷，"必先阅头场，择其清真雅正合格者，再合校二三场"②。如果《四书》文不合格，《五经》文也就很难入选了。《四书》文与《五经》文，虽然同是八股体裁，但又各有特色。现从清代刊印的《会试录》中选录《易》经文一篇，供读者参考。

《易》

　　其旨远，其辞文

叶自渊

《易》之旨与辞，有可晰言其妙焉。(一)夫旨在辞中，而辞所以发挥其旨者也。远也，文也，《易》之理备矣哉。(二)且自《易》书既作以后，有隐寄于卦爻之内者，义以蓄而靡尽；有显设于卦爻之中者，理以灿而有章。(三)是可于称名取类之外而观其旨。(四)凡书皆有旨，而《易》之旨独始于《乾》、《坤》之立象，则为其旨夫! 夫旨，固寓于辞之中者也。圣人作《易》，初不以艰深之旨使人索解而不得。然，读其书而惜其命意之无余，则观者易厌矣。《易》之旨，何窅然以远

---

① 《钦定大清会典事例》卷三百三十一，《礼部》，《贡举》，《命题规制》。

② 《钦定大清会典事例》卷三百三十二，《礼部》，《贡举》，《试艺体裁》。

也！旨寓于事,配天飨帝有深心;旨寓于物,借茅包瓜皆至理。凡夫高下散殊,旨之在隐见间者,皆其示人以观玩者也,则真《易》之旨也。(五)亦且由其旨而进观其辞。(六)凡书皆有辞,而《易》之辞悉征于卦爻之变化,则为其辞夫! 夫辞,所以发其旨之蕴者也。圣人作《易》,原不欲以瑰异之辞使人夸多以斗靡。然,读其辞而惜其端绪之难寻,则阅者易倦矣。《易》之辞,何斐然以有文也! 文成于爻,初二五上,俨然于君臣父子之经;文成于象,山泽雷风,备极天地民物之变。凡夫忧虞悔吝,辞之在参错中者,皆其文之示人以次第者也。则诚《易》之辞也。(七)其事其言,又可进观焉。(八)

解题

此题出自《易·系辞下》。这是孔子对《易》的评论中的两句话。一论《易》之旨,一论《易》之辞。这类题称为双扇题。

作者介绍

叶自渊,云南保山县人,专治《易》经,乾隆十六年(1751)辛未科会试中式第三名。

释义

(一)破题二句,明破旨、辞,暗破远、文。

(二)承题五句,进一步阐明旨和辞的关系,点出全题。

(三)起讲五句,总论《易》之义理,虚写旨远辞文。

(四)入题一句,引入"其旨远"。

(五)本篇题目为双扇,本文亦以双扇立格,入题以下作两大比。此比二十句,专论"其旨远"。

(六)过接一句,由《易》之旨过渡到《易》之辞。

(七)此比二十二句,专论"其辞文"。

(八)《易·系辞下》:"其旨远,其辞文"之下文为"其言曲

而中,其事肆而隐。"本文以"其事其言,又可进观焉"结束,称为"落下"。

(三)试 帖 诗

诗是唐代和北宋前期进士科考试的重要内容之一。宋神宗熙宁(1068—1077)年间,王安石变法,对科举制度进行改革,罢明经诸科,进士科的考试也不再用诗。神宗死后,科举制度虽几经改变,但是,考试用诗,则仅限于诗赋进士。元、明两代,科举考试都不用诗。顺治十五年(1658),复试江南乡试考生,康熙十八年(1679)和乾隆元年(1736)、二年(1737),召试博学鸿词,虽曾用诗,只是偶一行之,没有成为定制。乾隆二十二年(1757),才明确规定:"嗣后会试第二场表文,可易以五言八韵唐律一首。""以本年丁丑科会试为始。"① 不久又规定:从乾隆己卯科乡试开始,于第二场经文之外,加试一首五言八韵唐律。从此,诗又成为科举考试的重要内容。这种用于科举考试的诗,称为试帖诗。试帖诗有浓厚的八股味,它的命运也和八股文一样,随着科举制度的消亡而湮灭了。

赋得繁林翳荟得"贤"字,五言八韵

吴贻咏

繁林多茂植,求木譬求贤。试向郊原望,偏宜翳荟传。(一)
千章舒化日,万塈隐秋烟。密荫晴疑雨,浓光绿到天。(二)
是桐当集凤,非柳漫栖蝉。(三)
露浥三霄迥,材居百卉先。大成堪作栋,小用耻为椽。(四)

---

① 《钦定大清会典事例》卷三百三十一,《礼部》,《贡举》,《命题规制》。

表瑞呈丹陛,维桢协雅篇。(五)

解题

《孙子·行军篇》:"山林翳荟者,必谨复索之。"意思是:草木繁茂的山林,是敌军容易隐伏的地方。进入这样的地区,必须谨慎小心,反复搜索。而古典诗词中又往往用"繁林",如南朝诗人谢瞻《九日从宋公戏马台集送孔令诗》:"繁林收阳彩,密苑解华丛。"[1]本题改"山林"为"繁林",又以"贤"字为韵,于是,这里的"繁林翳荟"就是以林木的繁茂比喻贤才众多了。

作者介绍

吴贻咏,江南安庆府桐城县(今安徽桐城)人,乾隆五十八年(1793)癸丑科会试中式第一名。

释义

(一)首联、次联点明题目,并出官韵"贤"字。

(二)三、四联以"千章"、"万壑"切合"繁林",以"密荫"、"浓光"切合"翳荟"。

(三)五联以凤非梧不集,蝉非柳不栖比喻贤才择主而事。

(四)六、七联以木材比喻人材,收清全题。

(五)结联颂扬,双抬。《诗·大雅·文王》:"思皇多士,生此王国。王国克生,维周之桢。"意思是:生长在国土上的众多贤才,是周王朝的桢干之臣。桢、干,筑墙所用之木。立于两端的称桢,立于两侧的称干。

赋得天心水面得"知"字,五言八韵

---

① 萧统:《文选》,卷二十。

许彭寿

夜月辉

蓬岛,春风满

液池。

天心昭朗澈,水面静涟漪。(一)

溥博瞻如此,澄清

念在兹。玉衡悬自正,金鉴照无私。(二)消息先

研易,文章夙悟诗。(三)虚明

仙界迥,飞跃化机随。星采罗胸际,云光洗

眼时。(四)

慎修钦

御论,至理

圣人知。(五)

解题

宋代思想家邵雍《清夜吟》:"月到天心处,风来水面时。一般清意味,料得少人知。"[①]"天心水面",乃是本诗前两句的概括。

作者介绍

许彭寿,浙江杭州府钱塘县(今浙江杭州市)人,道光二十七年(1847)丁未科会试中式第一名。

释义

(一)首联、次联,将"天心"、"水面"以及未在题目中出现的"月"和"风"一起点出。

(二)三、四联以"溥博"、"玉衡"切天,"澄清"、"金鉴"切

---

① 邵雍:《击壤集》,卷一。

水。《中庸》："溥博如天。"玉衡，古代观测天文的仪器。《书·舜典》："在璿玑玉衡，以齐七政。"鉴，古代用来盛水的盆。

（三）五联用《易·复》："复，其见天地之心乎？"和宋代学者翁森《四时读书乐》："落花水面皆文章"，暗切"天心"、"水面"。

（四）六、七联，虚明、星采二句写"天心"，飞跃、云光二句写"水面"，收清全题。飞跃，龙飞、鱼跃。《易·乾》："飞龙在天。"《诗·大雅·旱麓》："鱼跃于渊。"化机，意即鱼化为龙。

（五）结联，颂扬，出官韵"知"字。本诗抬写多达九处，有的一抬，有的双抬，这是试帖诗的一格。

（四）论

论，是一种说理文。刘勰认为，论的得名，始于《论语》①。但是，《论语》是孔子和他的一部分弟子言行的记录，与后来的论有很大的不同。战国时期，由于政治斗争和思想斗争的需要，说理文迅速发展。先秦诸子中的一些有代表性的篇章，都是逻辑谨严，结构严密，分析深入，文辞富赡的论文。到了汉代，这种体裁进一步发展，出现了像贾谊《过秦论》那样的名篇。论，成为我国文坛上的一种重要体裁。但是，以论作为考试的内容，却是科举制度建立以后的事。唐高宗调露二年（680），刘思立为考功员外郎，以进士试策，多抄袭旧作，请帖经以观其学，试杂文以观其才。他的建议，得到了皇帝的采纳。永隆二年（681）规定：进士试杂文二篇，通文律者始试策。不过，这里的杂文，指的还是诗赋。唐德宗建中二年（781），赵赞

---

① 刘勰：《文心雕龙·论说篇》。

请将进士科的考试内容改为时务策五篇,箴、论、表、赞各一篇。唐文宗太和三年(829),考试的内容有了变化:先试帖经,略问大义,取精通者,再试论、议各一篇。后来又规定:第一场试诗赋,第二场试论,第三场试策,第四场试帖经[①]。宋代的进士科,不论是王安石变法前还是变法后,都要在第二场或第三场试论一道。元代科举,不再试论。到了明代,论又成为乡、会试的内容之一。清初科举,沿袭明制,于乡、会试第二场试论一道。顺治十六年规定:"考官于论题间出《孝经》,以励士尚。"[②]康熙时曾一度停试八股文,以策、论、表、判取士。不久,又恢复旧制。康熙二十九年(1690)以后,论题多出自《孝经》、《性理》等,雍正、乾隆等朝虽有改动,但基本也是如此。戊戌变法时,光绪下诏将试《四书》文改为试策、论。但因变法失败,成为泡影。慈禧在辛丑条约后,为形势所迫,实行新政,以中外政治史事命题的论,成为考试的一个内容。

圣人之教,不肃而成

陆肯堂

自古致治不一主,而一道同风之治必推圣人,何也?(一)天下之众,其待治圣人久矣,而各挟其智力以争胜。夫民各挟其智力,而君人者复以智力先之,是与天下争胜也。与天下争胜,而一道同风之治终不可得而成。圣人知其然,是故原夫天地之性而审乎人情所同,则惟因天下以教天下。初无化民成俗之劳,而天下皆欢欣鼓舞而不知其所由然,而无敢自越于圣人之教。旨哉乎!《孝经》之言曰:"圣人之教,不肃而成。"(二)请申论之。千古之圣人,皆乘权而秉势

---

① 《宋史》卷一百五十五,《选举志》一。

② 《钦定大清会典事例》卷三百三十一,《礼部》,《贡举》,《命题规制》。

者也。乘权者,可以居高而率物;秉势者,可以作法而防淫。而圣人皆有所不恃。曰:我其威天下欤?我教天下耳。然而,古今之教,亦多术矣。党庠、术序以束之,司徒、学正以董之,上贤、崇德以旌别之,春诵、夏弦、秋礼、冬书之属以时教之。即以圣人临其上,而其术亦有所不废。是圣人之教,若是乎劳也。然而非劳也。《礼》曰:"先王承天之道以治人之情。"又曰:"立爱自亲始,教民睦也;立敬自长始,教民顺也。"夫先王岂不能大有所作为,而必曰承天道,曰治人情,则其意可知矣。立爱、立敬而即致民之睦顺,则教之在爱敬又可知矣。且民各私其所昵则争,至各事父兄,各尽子弟而卒无起而争者,爱敬之原于至性也。民各有爱之性而不知所以爱,民各有敬之性而不知所以敬。圣人之教,务使天下自敦其爱敬,油油然服习于家庭之行,伦序之常,出入趋承之节。其地至近,其事至易,其习闻而习见者至亲且切。若不知朝廷之上何以董率而诰令也,更不因党庠、术序之设,司徒、学正之官也,更不徒循上贤、崇德、弦诵书礼之文也,然而其教已成矣。粤稽其朝,君无劝赏刑威之迹,臣无三令五申之劳,夏楚设而不事,桁杨立而无庸,优游歌咏,坐致太平,猗欤休哉!是则圣人之不肃而成者也。(三)后之人主,亦尝有意于不肃之治矣。然其甚也,滋泮涣之弊而长丛脞之端,殆未知不肃之原者欤?若夫古之帝王,钦明允塞,何其肃于心;严威俨恪,何其肃于躬;惇典慎徽,何其肃于伦;敬天尊祖,严惮保傅,何其肃于天人。然后出之制治,则恭已而已,无为而已,黎民于变,四方从欲而已。是圣人之不肃,正其深于肃者乎?其深于肃者何也?本也。(四)

解题

《孝经·圣治章》说:"圣人因严以教敬,因亲以教爱。圣

人之教,不肃而成。其政,不严而治。其所因者本也。"本题为其中的一句。因为题目出自《孝经》,这篇论文称为《孝经》论。

作者介绍

陆肯堂,江南长洲(今江苏苏州市)人,康熙二十四年(1685)乙丑科会试中式,由康熙钦定为第一名。本科殿试,又以一甲一名中式。

释义

(一)提出问题。以"一道同风"作为"致治"的最高境界,突出圣人。

(二)分析圣人得成一道同风之治的原因。说明圣人致治,并不像一般的君主那样挟其智力以与天下争胜,而是原天地之性,审人情所同,因天下以教天下。点明题目出处。

(三)根据《礼记》:"先王承天之道以治人之情","立爱自亲始,教民睦也;立敬自长始,教民顺也",进一步阐明圣人之教的依据、内容和效果。

(四)以后之人主有意于不肃之治,结果却走向了他们的愿望的反面,反衬圣人能知不肃的本原。圣人的不肃,正是圣人的深于肃。

本文由同考官给事中杨尔淑荐卷,副考官掌院学士兼侍郎孙在丰批:"敷畅。"右侍郎董讷批:"高亮。"右侍郎王鸿绪批:"明朗。"正考官尚书张士甄批:"宏通。"从这些批语,可以看出考官们对这篇文章是何等欣赏了。

(五) 表

　　表,是封建社会臣民向皇帝陈述意见的一种文体。战国时代,臣民对君主有所陈请,称为上书。秦统一以后,改书为奏。西汉初年,将奏分为四类:谢恩用章,按劾用奏,陈请用表,辨驳用议。表成为一种独立的文体。东汉末年,人才辈出,孔融、曹植、陈琳、阮瑀,都以表见称。而最为人们熟悉的,则无过于蜀汉诸葛亮的《出师表》,西晋初年李密的《陈情表》。科举试表,始于唐代。德宗建中二年(781),中书舍人赵赞知贡举,请将进士科的考试改为时务策五篇,箴、论、表、赞各一篇,以代诗、赋。他的建议,得到皇帝的采纳。宋代进士科,不再试表,表成为宏词、拔萃、平判等制科考试的内容。哲宗绍圣元年(1094),罢辍制科。三省认为,诏、诰、章、表、箴、铭、赋、颂、赦敕、檄书、露布、诫谕等文体,"皆朝廷官守日用不可阙",于是改设宏词科。每年,允许进士及第的人们诣礼部请试,如是现任官,则须有人接替,才能提出申请。宏词科的考试,一般在春天考试上舍生时一起进行,不单独设立考场。考试的内容:章、表、檄书、露布用骈俪体,颂、箴、铭、诫谕、序记用古体或骈俪体。考官出四题,分二日试完。即使应试的人数很多,录取的名额也不得超过五人。录取后,还要经三省复试,然后奏请命官。徽宗大观四年(1110),改宏词科为词学兼茂科,每年附贡士院试,录取名额,不得超过三人。政和年间(1111—1118),又增为五人。不试檄书,增试制、诰,仍分二日试毕。四题之中,二题借拟历代史事,其余为本朝典故或时事。执政大臣的亲属,不得参加考试。南宋高宗绍兴三年(1133),改词学兼茂科为博学宏词科。于制、诰、诏、表、露布、檄、箴、铭、记、赞、颂、序等文体中杂出六题;分三场考试,每场体制,一古一今。应试者,须先交三篇作品,经学士院审查合格,才能参加考试。录取名额,也不得超过五人。如果人才有余,可临时

请旨。元代科举，不试表文。到了明代，才将表列为乡、会试第二场的考试内容。清初科举，沿袭明制，于乡、会试第二场试表一道。康熙二年（1663），停试八股文，仍试表一道。乾隆二十一年（1756），令将乡试第二场表文删省，但是，会试第二场，仍要加试表文一道。在乾隆看来，参加会试的考生"既已名列贤书，且将拔其尤者备明廷制作之选"①，作为一个"通材"，"声韵对偶，自宜留心研究"②。不久，乾隆又改变了主意，认为"表文篇幅稍长，难以责之风檐寸晷，而其中一定字面，或偶有错落，辄干贴例，未免仍费检点。且时事谢贺，每科所拟不过数题，在淹雅之士，尚多出于宿构，而倩代强记以图侥幸者，更无论矣，究非核实拔真之道"③。于乾隆二十二年（1757），令将会试第二场表文改为五言八韵唐律一首。此后，科举考试就不用表文了。

　　拟
上面谕南省地方大小诸吏以变易风俗，崇实务本，必使家给人
　　足，以副老安少怀之至意，
　　　群臣
谢表。康熙二十三年。

　　　　　　　　陈元龙
　　康熙二十三年某月某日，具官臣某等恭
　　遇
皇上面谕南省地方大小诸吏以变易风俗，崇实务本，必使家给人
　　足，以副老安少怀之至意，臣等谨
　　奉

———————
　　①③③　《钦定大清会典事例》卷三百三十一，《礼部》，《贡举》，《命题规制》。

表称

谢者。(一)伏以

圣治勤民,广畴咨而亲补助;

皇心重本,崇淳朴而饬浮华。

驻辇辂以观风,务令吏治民心之并古;

抚江山而问俗,必期厚生正德之兼隆。听

纶绋之亲传,睹臣工之交励。恩流北斗,泽溥南躔。臣等诚惶诚恐,
　稽首顿首,上言:窃惟王者重巡狩之典,必纳贾而陈诗;盛朝纪
　游豫之休,用观民而设教。问百年而视三老,期遐迩之同风;巡
　东作而秩西成,冀闾阎之咸足。欲奠斯民于殷阜,必返习俗于
　俭勤。里布夫征,游惰与奇赢并抑;任土作贡,衡虞与农牧交
　资。唐虞世号郅隆,必先教稼;成康治称极盛,首重明农。禁末
　作而事耕耘,蓄民力于畎亩;贵五谷而贱珠玉,务本计于宫庭。
　文景称殷富之朝,劝农之诏屡下;贞观当全盛之日,崇俭之政
　时闻。布帛菽粟之是先,务期驱商贾而归耕凿;锦绣雕镂之必
　黜,虑其伤农事而害女红。维大定之时,嘉与黎元休息;而雍熙
　之世,还期守牧承流。顾兹烂烂卿云,大小同宣雅化;庶几芃芃
　黍雨,郊原共沐深仁。自宫禁远隔九重,而君门遂同万里。深居
　简出,既罔恤夫民依;廉远堂高,更谁谙于风土。行迈时巡之久
　废,省方问俗以何从?甚至锦缆牙樯,徒饰旌旗之壮丽;琼花璧
　月,孰怜蔀屋之疴瘰风日习于奢靡,户渐流于凋敝。未有恩膏
　广沛,阳和随凤盖俱舒;咨儆弥殷,化日与龙旂并转如

今日者也。(二)兹盖伏遇

皇帝陛下,

德迈百王,

功高千古。

乘乾御极,川嶽既已效灵;

出震膺图,神人罔弗协应。

仁恩普被,草木若而风雨时;

威武遄宣,烽燧销而讴歌起。会见丰亨共庆,

　　筐进八蚕之绵;大有兴歌,家登再熟之稻。乃念西北近环畿

　　辅,巡历之典时行;东南遥阻江淮,望幸之心未慰。况值上元

　　开泰;正逢甲子一周。涓吉日而

亲巡,戒属车而远历。受元符于泰岱,云外呼嵩;考底绩于黄河,波

　　臣拜舞。悯泽国昏垫之厄,驰豹尾而下淮阴;思江左财赋之

　　区,飞鹢首而临吴会。撒羽林之万骑,童稚不惊;建翠葆于双

　　桡,耕桑在目。扶杖而环玉勒,踊跃震天;负耒而傍霓旌,欢呼

　　动地。固已山川土物,尽入

睿谟;乃因区域缤纷,弥回

宸眷。谓芜城风月,俗未变于陈、隋;建业繁华,习犹沿于晋、宋。冷

　　流黄于夜月,争听雀舫清讴;卧钱镈于青畴,又逐龙舟竞渡。

　　茂苑之城如画,阊门之瓦欲流。挥袖风飘而红尘昼昏,流汗霡

　　霂而中逵泥泞。然而,伯通庑下,岂无贫士之孤春;漂母祠边,

　　或少王孙之一饭。横阛阓而流溢,无非陆海珍羞;睹村鄙之凄

　　凉,倘缺晨昏藜藿。家无担石,尚事春游;甑欲生尘,不忘花

　　信。卖丝耀谷,仅供一日之繁华;剜肉补疮,莫救他时之缓急。

　　学歌习绣,渐废男耕女织之勤;秉烛飞觞,竟忘出作入息之

　　旧。倘相沿而不改,将自敝以何堪?

特谕镇抚诸臣,务期变移斯俗。览风土于四国,无须几幅豳风;聆

　　咳唾于

九天,不必十行汉札。葭灰乍转,亲承

帝训春温;黍谷初回,共睹

王言日丽。自督抚以至守令,敢忘教养兼资;

由郡县而迄郊原,会见雍熙成俗。缙绅士庶有定分,毋僭越以相夸;冠婚丧祭有常经,勿虚靡以互竞。习劳务本,宁恃居奇货殖之长;返朴还醇,自变轻诊浮夸之习。量入为出,务期用之有度而取之不穷;节用守身,要令富不至贫而贫可使富。聚游手之徒于南亩,江村尽作桃源;归流离之众于故庐,沮洳皆成栗里。地无弃利,何忧满地之追呼;岁有余粮,足慰终岁之勤动。从此月明夜织,尽是丰年;雨洒春耕,无非乐土。士食旧德,农服先畴。贱奇丽而弗珍,耻纤靡而不服。黄童白叟,重逢击壤鼓腹之风;白粲朱提,共睹千仓万箱之庆。治斯茂矣,化孰隆焉。(三)臣等才惭抚牧,职愧旬宣。际四海之昇平,时怀沃土瘠土之训;念三吴之烦剧,尤怀既庶既富之虞。

日驭飞巡,窃幸举头见日;

天颜咫尺,敢不涤虑承天。伏愿

化洽时雍,

治隆丕变。

蠲浮粮而宽常赋,俾南国永沐恩膏;

重抚字而缓催科,使廉吏皆登上考。泽遍山陬海澨,跻赤子于春台;化通出日无雷,登远人于衽席。则嘉禾生于田亩,庆万年有道之长;神雀集于殿庭,衍百世无疆之福矣。臣等无任瞻

天仰

圣,激切屏营之至。谨奉

表称

谢以

闻。

解题

康熙二十三年(1684)十月,康熙南巡。十一月初四日,自江宁(今南京市)回銮,出石城门,御舟至仪凤门外,督、抚、提、镇以下大小文武官员及地方缙绅士民数十万于两岸跪送。康熙谕令停船,对南省地方大小官吏发表讲话:"朕向闻江南财赋之地。今见通衢市镇,似觉充盈。至于乡村之饶,人情之朴,不及北方,皆因粉饰奢华所致。尔等身为大小有司,当洁己爱民,奉公守法,激浊扬清,体恤民隐。务令敦本尚实,家给人足,以副朕老安少怀之至意。"[①]这道表文,就是以时事为题的谢表。

作者介绍

陈元龙,浙江海宁县人,康熙二十四年(1685)乙丑科会试中式,由康熙钦定为第二名。

释义

(一)说明上表的缘由。这一部分是引言,可以有,也可以没有。

(二)列举历史事实,从正反两方面说明巡狩观风,崇实务本的意义。

(三)写出康熙巡幸东南的背景、目的、沿途盛况以及面谕南省地方大小诸吏以"变易风俗,崇实务本"的原因和将发生的影响。

---

① 《康熙起居注》,康熙二十三年十一月。

（四）表示愿望。

（六）诏、诰

诏、诰都是以皇帝的名义发布的官文书。战国时代，君臣上下互相告语都可称诏，秦统一以后，诏就专指皇帝发布的命令了。诰的历史，比诏更早，《尚书》中有《仲虺之诰》、《汤诰》、《大诰》、《康诰》、《酒诰》、《召诰》、《洛诰》等篇，这些文章的内容，都是君臣之间互相诫。到了宋代，诰的内容发生了变化。任命或封赠文武官员，由朝廷授予文书，这种文书就称为诰。明、清两代，相沿不变。宋哲宗绍圣元年（1094）诏罢制科之后，三省建议应在进士科之外设置新科时，虽然提到了诏、诰，但是，绍圣二年（1095）设置的宏词科，却不以诏、诰命题。徽宗大观四年（1110），改宏词科为词学兼茂科，始增试制诏。高宗绍兴三年（1133），改词学兼茂科为博学宏词科，诏、诰都可以命题了。明代科举，将诏、诰列入文科考试的内容，乡、会试第二场，都要在诏、诰、表内选作一道。清初科举，更进一步规定乡、会试第二场，试诏、诰、表各一道。康熙二年（1663），停试八股文，以策、论、表、判取士，诏、诰亦同时停试。康熙七年（1668），恢复旧制。康熙二十年（1681），以"诏、诰二道，直属虚设"，将它们从考试内容中删去①。康熙四十一年（1702），又改为"嗣后有愿作《五经》之人，其第二场仍复诏、诰二题，令其兼作，阙者不录。其习一经者，仍如旧例"②。但是，诏、诰题往往沿习故套，易于揣摩，不能看出考生的学问笔力。乾隆十年（1745），因该科诏、诰、判题"皆系每科习见者"，主考官们受到了申饬。乾隆二十一年（1756）

---

①② 《钦定大清会典事例》卷三百三十一，《礼部》，《贡举》，《命题规制》。

以后,乡试和会试都不再以诏、诰命题了。

拟汉察举茂才廉吏诏建初二年

黄　宫

才,德之用也。吏,民之牧也。今天下贤者智能,岂特古之人乎?有之而不知,知之而未举,士奚由进?抑昔周官,六计弊吏,首重惟廉。饬簠簋,慎苞苴,严径窦,良有司,兴言芳躅,定知所劝。夫廉者赏之,则墨吏知惩,中材亦将竞奋矣。(一)其令郡邑有才猷茂著之士,二千石悉举以对。吏有服官数年,操履修洁如一日者,亦加意访察,署名上闻,毋徇毋隐,以副国家旁求俊彦,子惠元元之至意。(二)

解题

　　建初,是东汉章帝刘炟的年号。建初二年,为公元 77 年。按:建初元年 (76) 三月,章帝曾在诏书中对选举乖实提出批评,他说:"夫乡举里选,必累功劳。今刺史守相,不明真伪,茂才孝廉,岁以百数。既非能显,而当授之政事,甚无谓也。"令太傅、三公、中二千石、二千石、郡国守相举贤良方正、能直言极谏之士各一人[①]。本年不应有察举茂才廉吏之诏,这一拟题,与史实不合。

作者介绍

　　黄宫,江南阳湖县(今江苏武进县)人,乾隆二年(1737)丁巳恩科会试中式第十一名。

释义

　　(一)说明察举茂才廉吏的意义。

---

　　① 　马端临:《文献通考》卷三十三,《选举》六。

（二）说明察举的条件、方法以及对主管官员的要求。

（七）判　语

唐代科举，及第后并不授官，要进入仕途，还需经过吏部的考试，称为省试，亦称释褐试。考试的内容有四个方面：一曰身，二曰言，三曰书，四曰判。身，取其体貌丰伟，言，取其言词辨正，书，取其楷法遒美，判，取其文理优长。四者之中，和从政关系最密切的就是判。最初试判，只取州县案牍疑义为题，借以考察应试者的判断能力。后来，应试的人数日益增多，案牍浅近，不能难住考生，于是采经籍古义，假设甲乙，甚至"征僻书曲学隐伏之义问之，惟惧人之能知也"[1]。判，是唐代省试的重要内容，对于士子的前途和命运，关系很大。所以，唐人对判非常重视，无不熟习。张鷟有《龙筋凤髓判》，白居易有《甲乙判》，《文苑英华》一书，收录的判多达五十卷，共一千余篇，从乾（天）象、律历、岁时、水旱、灾荒、礼乐、军令、祭祀、刑狱、田农、水利，直至衣冠、酒器、妖言、巫梦，涉及面非常之广。到了宋代，科举与入仕合而为一，"及第即命以官"[2]。不必再经省试。为了使考生通晓吏事，一开始是除明法科之外都要抽卷问律。太宗太平兴国八年(983)，明确规定：进士、诸科试律义十道。王安石变法，更试以律义断案，法律成为应试者的必修科目。元代科举的目的是提倡经学，以改变"天下习儒者少，而由刀笔吏得官者多"的局面[1]。对应试者既不试判，也不试律。明初科举，恢复试律。在三场考试中式后十日，"复以骑、射、书、算、律五事试之"[2]。

---

① 　杜佑：《通典》卷十五，《选举》三。

② 　《宋史》卷一百五十五，《选举志》一。

洪武十七年（1384），颁布科举成式，以判五道作为乡、会试第二场的考试内容之一。但是，明代的判和唐代的判不同，"不用假设甲乙，止据律文"③。顾炎武在谈到《四书》疑和《四书》义的区别时说："《四书》疑，犹唐人之判语，设为疑事以问之，以观其学识也。《四书》义，犹今人之判语，不过得之记诵而已。"④记忆力强的人，只需花上十天工夫，就可以轻而易举地作出完满的回答。明中叶以后，考生们不再读律，只钞录旧本，入场时，每人止记一律，或吏或户，记得五条，场中即可互换，以致中式之卷，大半雷同。顾炎武深有感慨地说："今以堂堂一统作人之盛，而士子公然互换至一二百年，目为通弊，不行觉察，传之后代，其不为笑谈乎？"⑤清初科举，沿袭明代的制度，乡、会试第二场都要试判五条。顺治十六年（1659）规定："场中作判，务宜随题剖断，引律明确，不专以骈丽为工。"⑥康熙二年（1663），停试八股文，判仍是考试内容之一。康熙七年（1668），又恢复旧制。但是，科场试判，往往沿袭故套，考生易于揣摩。乾隆十年（1745）乙丑科，因所出诏、诰、判题，"皆系每科习见者"，乾隆认为"司考诸臣未免草率"，著传旨申饬⑦。但是，这种弊病的根源，不在于考官而在于制度本身，到了乾隆二十一年（1756），终于将判删省了。

---

① 《元史》卷八十一，《选举志》一。

② 《明史》卷七十，《选举志》二。

③ 顾炎武：《日知录》卷十六，《判》。

④ 顾炎武：《日知录》卷十六，《经义论策》。

⑤ 顾炎武：《日知录》卷十六，《判》。

⑥ 《钦定大清会典事例》卷三百三十二，《礼部》，《贡举》，《试艺体裁》。

⑦ 《钦定大清会典事例》卷三百三十一，《礼部》，《贡举》，《命题规制》。

擅离职役

官以职为分，刑名钱谷有攸司；吏以役为程，刀笔簿书惟所任。苟职旷必多废事，而役怠则更疏虞。故非给假与批差，断无署虚而曹冷。(一)今某徒尔备员，罔思职守。倘视官邮如传舍，何如桑亩闲闲；若鄙吏属为繁嚣，曷念劳人草草。(二)分笞与杖，定罪允宜。(三)

揽纳税粮

夏税有期，输将责在户甲；秋粮定限，征收必考丁中。苟非同户之人，毋为越俎之代。(一)今某秋逞狡狯，意在侵渔。故为市井之招摇，借增人而减己；托言亲知之情面，巧通吏以欺官。倘中饱之不知，必民欠之重累。(二)奸民宜杖，主守亦同。(三)

禁止迎送

官严清守，职非候人之轻；土重廉隅，任有民社之寄。苟使郊迎仆仆，末吏何堪；抑且送行劳劳，所司谁任。(一)今某甘为卑属，善事上官。负载前趋，不惮东西奔走；趋承任意，巧为色笑逢迎。是盖素无勺水之操，故尔每深宪节之惧。(二)拟予杖罪，用肃官箴。(三)

多支廪给

廪糈有额设，所以恤皇华之劳；职官有稽查，所以重国课之计。是故乘传而至，供应毋容缓期；若其逾额而支，岁会于何销补。(一)今某清操罔励，染指为常。一若遗人之委积，任尔取携；孰非小人之脂膏，乃图冒滥。(二)是宜计赃而定罪，庶其改过而知惩。(三)

侵占街道

地别公私，画疆如同分井；土严尺寸，编户亦等受廛，故天街广为驰骋之衢，而官道以通往来之旅。(一)今某居近城市，计藏窟谋。界守罔知，侵蚀若水滴绳锯；基址不问，占造等势恶强梁。(二)应定笞

刑,仍令改正。(三)

解题

判题出自当时的法律条文,但是,它不像八股文或论文题目那样,写出儒家经典的原文让考生加以发挥,而是举出违法的现象,让考生依据法律进行裁决。判题的字数,每题二、四、五、六字均可。但同一次考试,五道判题的字数必须一致。

作者介绍

清代试判期间的《乡试录》和《会试录》均只有判题而无判语。这五条判语,选自中国第一历史档案馆藏康熙三十年(1691)辛未科会试朱卷第十二号,无作者姓名。

释义

判语用骈俪体,篇幅简短,每条约一百字左右。其结构可分为三部分。(一)就判题作正面论述,说明人们对这个问题应该怎样。(二)指出某的违法行为。(三)依据法律,提出处理意见。

(八) 策

策,是一种古老的文体。汉文帝前元十五年(前165)九月,诏诸侯王公卿郡守举贤良能直言极谏者,亲策于廷。对策者百余人,晁错成绩最优,由太子家令提升为中大夫。这是中国历史上用策进行考试的开始。汉武帝时,对策之外,又有射策。对策,是由皇帝公开命题,让应试者回答。射策,则是将若干题目作成题签,由应试者任意抽取,抽到什么就回答什么。董仲舒以对策为江都相,兒宽以射策为太常掌故,都是汉代用策试士的著名事例。到了魏晋南北朝时期,策是考试秀才、孝廉的内容。北齐试策,场规甚严,不仅皇帝亲临,对那些不合格的考生,还要当场发落。"字有脱误者,呼起立席后;书有滥劣者,饮墨水一升;文理孟浪者,夺席、脱容刀"①。处分虽然不重,但是,在大庭广众之中,被罚者的难堪是可以不言而喻的。

科举试策,始于隋代。炀帝始置进士之科,就以试策取士。这就是说,当科举制度这一新事物刚刚出现的时候,策就是考试的内容了。明、清两代,不仅乡、会试第三场试策,殿试也是试策。每次试策,少则三题,多则五题(一般为四题)。或问经史,或问时务,以关切事理,明白正大为主。边论边问,每题一般不得过三百字。考生根据策题,逐条回答,称为条对。汉代策文,都是直抒胸臆,魏晋至明,则崇尚骈俪。顺治二年(1645),恢复科举考试,考生的策文,仍沿明代旧习。为了改变这种风气,顺治四年(1647)殿试,在策题结尾处特别强调:"勿用四六,不限长短,毋得预诵套词,拘泥旧式。"顺治六年(1649)和九年(1652),又一再强调"直陈无隐,务期要言可行,不用四六旧套","其文务以汉廷贾(谊)、董(仲舒)诸臣为式,毋沿对偶、冗长故习"。此后,策文风气为之一变。光绪二十八年(1902),废八股文,改乡、会试二场为各国政治艺学策五道。这时的策文,就不再是条对而是略类于论体了。

下面选录光绪二十年(1894)甲午恩科的殿试策题和张謇的对策。

奉

天承运

皇帝制曰:朕寅绍丕基,仰荷

昊苍眷佑,兢兢业业,今二十年,恭逢

皇太后六旬万寿,上维《鲁颂》寿母之诗,俯思《大雅》作人之化,

①　《隋书》卷九,《礼仪志》。

特开

庆榜，策试多士。又尝恭读康熙戊戌科

圣祖仁皇帝策问，天子以乂安海宇为孝。是以夙兴夜寐，勤求至
　　理。政事之余，留意经术。

圣训煌煌，为万世法。兹举河渠之要，经籍之储，选举之方，盐铁之
　　利，揆时度势，酌古衡今，尔多士其扬搉陈之。治水肇于《禹
　　贡》，畿辅之地，实惟冀州。水利与农事相表里。后汉张堪为渔
　　阳守，开田劝民，魏刘靖开车箱渠，能备述欤？至营督亢渠，引
　　卢沟水资灌溉，能各举其人欤？唐朱潭、卢晖，宋何承矩浚渠
　　引水，能指其地否？元郭守敬、虞集议开河行漕，其言可采否？
　　汪应蛟之议设坝建闸，申用懋之议相地察源，可否见之施行？
　　能详陈利弊欤？汉世藏书，中秘最善。刘向所校，仅名《别录》，
　　至其子歆，使总群书而奏《七略》。传注所引，秩然可征。班志
　　艺文，与刘略出入者何篇？魏晋以后，郑默《中经》，荀勖《新
　　簿》，体例何若？梁华林园兼五部以并录，隋修文馆分三品以
　　收藏。唐承砥柱之厄，始付写官；宋籍建业之余，尽送史馆。此
　　皆册府遗文，可资掌录。明《永乐大典》所收之书，今不存者见
　　于何目？能备举以资考证欤？选举为人才所自出。翰林以备
　　顾问，六曹以观政事，县令以司赏罚，三者皆要职也。翰林始
　　重于唐，其时学士出入侍从，参谋议，知制诰，能详其品秩欤？
　　宋儒馆有四，地望清切，非名流不得处，其选用之制若何？六
　　曹昉自周官，秦汉隋唐，互有沿革，能陈其异同欤？晋制：不经
　　宰县，不得入为台郎。而后世或缙绅耻居其位，或科甲无不宰
　　邑，岂轻重各因其时欤？抑增重激劝，或得或失欤？盐铁之征，
　　始于管子。论者谓其尽取民利，而行之数千百年，卒不能废。

至汉武帝用孔、桑之法，与管子异矣。其时所置，盐官二十八郡，铁官四十郡，能指其地欤？终汉之世，屡罢屡复，其年代皆可考欤？唐贞元中，检校盐铁之利，其议发于何人？若第五琦、刘晏、裴休之论，固无足采欤？请引受盐而商擅利权，禁民贸铁而官多侵蚀，其流弊能指述欤？凡此皆御世之隆谟，经国之盛业也夫！　朕以藐躬，加于臣庶之上，受

祖

宗付托之重，惟思恪遵

慈训，周知民隐，旁求俊乂，孜孜为治，以跻斯世于仁寿之域。尔多士各抒谠论，毋泛毋隐，朕将亲览焉。（以上策题）

应殿试举人臣张謇，年三十七岁，江苏通州人，由优贡生应光绪拾壹年乡试中式，由举人应光绪贰拾年会试中式，今应殿试，谨将三代脚色开具于后：

　　一　三代

　　　　曾祖文奎　祖朝彦　父彭年（一）

臣对：臣闻善言天者尊斗极，善言治者定统宗。九州利弊之广，不可一一喻之也；六典司职之繁，非必节节治之也。要在道法而已。孔子之道，集群圣而开百王。其所诵法，大义微言。后千六百余年而复集成于朱子。宋臣真德秀，尝本朱子之意辑为《大学衍义》，自帝王治学至于格致、诚正、修齐得失之鉴，炳然赅备。是则三代两汉以来所以治漕河、蒐典籍、用人才、剂征榷者，必折衷于朱子之意而后当否可观也；必权衡以朱子之言而后会通可得也。钦惟

皇帝陛下，躬上圣之资，勤又新之德，而又广开言路，振饬纪纲。凡

夫大学之明训，前古之事迹，固已切究而推寻之矣。而
圣怀冲挹，犹孜孜焉举河渠、经籍、选举、盐铁诸大政，进臣等于廷
而策之，臣愚何足以承大对。然臣尝诵习朱子之言矣。朱子之
言之具于其书而为德秀所称引者，无一而非人君图治之法，人
臣责难之资也，其敢不竭献纳之诚乎？（二）伏读
制策有曰：治水肇于《禹贡》。畿辅之地，实惟冀州。而因求水利与
农事相表里之道以详稽其利弊，此今日民生之大福也。臣惟国
之大本在农，农之所天惟食，而食之大源系乎水。百谷之生，未
有不恃灌溉之利者。东南多水而常收水之利，西北少水而常受
水之害，固地势水性使然，而其要视乎人力之果尽与否。汉张
堪为渔阳守，开田劝民，而民兴于农，遂有乐不可支之谣。魏嘉
平中，刘靖规武安之通渠，羡秦氏之殷富，大开车箱渠，而灌田
以万计。由是而后，魏裴延俊，齐稽华辈营督亢于范阳，引卢沟
于幽冀。唐朱潭、卢晖、宋何承矩之伦，或引滦、易，或引滹沱，
并能灌稻开田，溥一时之利。元都水监郭守敬、国子祭酒虞集，
尤留意于漕河。其言用浙人之法，以田受民，使为之长，三年而
后征，以减东南转输。与明汪应蛟之议设坝建闸，申用懋之议
相地察源，其意相通，而皆行之有利者。谨案：朱子之论治河
也，于贾让不与水争地之说，常反复致论，以为允当，而又以为
水无只有害而无利，在治之如何者，诚至言也。我
皇上轸念民依，讲求水利，凡河防、漕运，固已疏治而奠定之矣。
制策又以汉世藏书，中秘最善。因稽刘向以来至于前明所录，以资
考证。臣惟载籍所以征雅，故藏史册简，上下遥代，亦古今得失
之林而斯文兴替之契也。向校《别录》，子歆承之，始总群书而
奏《七略》。班固志艺文，其《赋录》诸篇，乃与刘略时有出入。

魏秘书郎郑默,始制《中经》,荀勖更著《新簿》,以甲乙丙丁分部,而六艺、小学、古诸子、近世子家、史记、旧事、皇览簿、杂事之属,其体例亦殊于《七略》。至梁华林园兼五部以并录,而释典纷纭;隋修文馆分三品以收藏,而捕猎阒委。虽云盛富,毋乃猥欤。唐承砥柱之厄,始付写官。而其书多于《崇文总目》。宋平江南,籍其图书二万余卷,悉送史馆,而秘阁益宏。册府遗文,此为鼎鼎。明之《永乐大典》,世弥后而书弥多,其所甄采之书,往往遗散不传矣。校论往籍,辨体宜先。朱子所谓:《六经》治世之文,《国语》衰世之文,《战国》乱世之文。则淄渑其辞气,不特撰裁字句以鉴别真伪而已。

国家开四库,求遗书,山容而渊积,又过于东观兰台之富矣。

制策又以选举为人材所出。因以翰林、六曹、县令三者,俾考其制而权其得失。臣惟翰林之官,以文学、言语备顾问侍从,因参谋议、纳谏诤。而院者,待诏之所也。唐开元初,置翰林待诏,掌四方表疏批答,应和文章。既,又选文学士为翰林供奉,与集贤院学士分掌制诰书敕。久之而改为学士,号为内相矣。宋之儒馆,地望清切,非名流不预焉。初命学士之日,皆遣使就第,宣旨召入。且用以指挥边事,晓达机谋,不止同知考课、掌书诰而已。六曹昉自周官,秦汉隋唐,互有沿革。秦之郎中令,汉之尚书郎,隋之员外郎、曹郎,唐之郎中、员外郎,虽有异同,并典机要。晋制:凡入台郎者,必经宰县。以为不习民事者,不足理吏事。是则其官固关系乎民命,而所谓缙绅耻居其位者,皆后世知二五而不知一十者也。朱子云:择宰相以选牧守,择台谏以供刺举。又云:天下之官,能为县者,不拘荐举之有无,不限资格之高下,而籍其姓名,以次补最剧之县。而其本在大臣,所

谓：必咨询访问，取之无事之时；参伍较量，用之有事之日也。圣朝用人，内外并重。凡前代畸轻畸重之失，斟酌而悉平之矣。

制策又以盐铁之征，始于管子。因及夫汉、唐盐铁之利病而究之，此尤国计民生之切务也。臣惟贡盐之法，权舆《禹贡》，至齐以渠展之盐，擅为至资，而尽取民利，为后代禁盐利国之祖。汉武用孔、桑之法而又加广焉。分部置均输盐铁官，而盐官凡二十八郡，铁官凡四十郡。《地理志》："山海旁近，皆星罗而棋布矣。"永平、建初之间，屡罢屡复。而昭帝时贤良文学之对，章帝时郑众之谏，终不可行也。唐初，盐禁颇弛。自刘彤请役农余之人，收山海之利，而检校盐铁之事以炽。第五琦、刘晏、裴休，皆当时号称理财至善之人。既屡变其法以赡国用，而莫便于刘晏所为：出盐之乡，置吏、置停户，收盐转鬻于商，任其所之之法矣。若夫请引受盐，则商揽利权而民苦食淡；禁民贸铁，则官多侵蚀而私冶依然。弊且有不可穷者。朱子有言：上下匮乏，须量入为出，罢去冗费，悉除杂税，方能救百姓于汤火中，可谓至深切者。

皇上诚念民生之疾苦而图利之焉，斯海内所熙熙忼望者也。夫古者帝王之学，必格物致知以极夫事物之变，此朱子所论帝学之大纲也。而其戊申封事，则又以为天下之事，其端无穷，而无不本于人主之心。心正则视明听聪，周旋中礼，而家人左右，朝廷军国，无乎而不归于正也。臣伏愿

皇上万几余暇，留心于《大学衍义》而致力于朱子之全书，以薪握乎明理之原而止于至善之极。将见浚川浍而农政兴；崇典籍而儒术茂。综甄拔之要，而不事苟且陟黜之为；正利用之方，而不尚操切富强之计。斯治日进于古，而我

国家亿万年有道之长基此矣。臣末学新进,罔识忌讳,干冒宸严,不胜战栗陨越之至。臣谨对。

解题

策题的内容是经、史、时务,也就是经学、历史和当时面临的重大问题,诸如兵、农、刑、礼、吏治、河防、盐铁、工赈等。本科殿试策题,就是以河渠、经籍、选举、盐铁四项发问。策题文字颇长,对策时不再抄录。

作者介绍

张謇,江苏通州(今江苏南通)人。光绪十一年(1885)乙酉科顺天乡试中式第二名,光绪二十年(1894)甲午恩科会试中式第六十名,殿试一甲第一名。

释义

(一)殿试时,考生必需在试卷的第一开前半页书写履历三代。但是,交卷后,这一部分要由弥封官弥封起来,不是策文的组成部分。

(二)以上为策冒,将所问各条作概括论述。

(三)以上为答问,对所问各条逐一回答,是策文的主要部分。回答第一条,用"伏读制策有曰"开头,以后各条则用"制策又以"发端,每条约三百余字。

(四)以上策尾,将所问各条进行归纳,并对皇帝提出希望,结束全文。

科举考试程序图

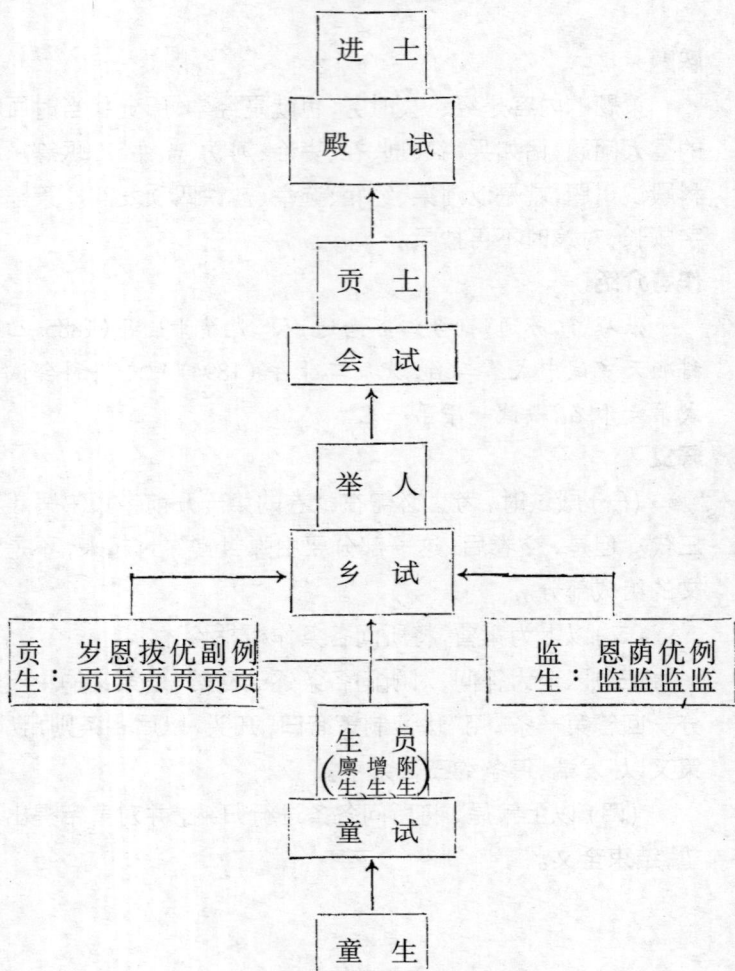

```
        进　士
      ┌─────────┐
      │ 殿　　试 │
      └─────────┘
           ↑
      ┌─────────┐
      │ 贡　　士 │
      ├─────────┤
      │ 会　　试 │
      └─────────┘
           ↑
      ┌─────────┐
      │ 举　　人 │
      └─────────┘
           ↑
      ┌─────────┐
   ──→│ 乡　　试 │←──
      └─────────┘
```

贡　岁恩拔优副例
生：贡贡贡贡贡贡

监　恩荫优例
生：监监监监

生　员
（廪增附
　生生生）

童　试
↑
童　生

图书在版编目（CIP）数据

科举史话/王道成著. —北京: 中华书局, 1988. 6
(2016.3 重印)
(文史知识文库)
ISBN 978 - 7 - 101 - 00176 - 1

Ⅰ. 科…　Ⅱ. 王…　Ⅲ. 科举制度 - 历史 - 中国
Ⅳ. D691. 3

中国版本图书馆 CIP 数据核字(2004)第 000218 号

书　　名　科举史话
编 著 者　王道成
丛 书 名　文史知识文库
责任编辑　张　荷　袁法周
出版发行　中华书局
　　　　　（北京市丰台区太平桥西里 38 号　100073）
　　　　　http://www. zhbc. com. cn
　　　　　E-mail:zhbc@ zhbc. com. cn
印　　刷　北京瑞古冠中印刷厂
版　　次　1988 年 6 月北京第 1 版
　　　　　2016 年 3 月北京第 6 次印刷
规　　格　开本/850×1168 毫米　1/32
　　　　　印张6　插页2　字数 122 千字
印　　数　24501 - 27500 册
国际书号　ISBN 978 - 7 - 101 - 00176 - 1
定　　价　14.00 元